华夏文库·儒学书系

江山代有圣贤出

梁漱溟 熊十力 冯友兰

周海春 著

大地传媒 中州古籍出版社

《华夏文库》发凡

毫无疑问，每一个时代都有属于自己时代的精神追求、文化叩问与出版理想。我们不禁要问，在 21 世纪初叶，在全球文明交融的今天，在信息文明的发轫初期，作为一个中国出版人，我们正在或者将要追求什么？我们能够成就或奉献什么？我们以何种方式参与全球化时代的文化传播进程？在一连串的追问下，于是，有了这套《华夏文库》的出版。

自信才能交融。世界各大文明在坚守自身文化个性的同时，不约而同地加快了探视其他文化精神内涵的步伐，世界不同文明正在朝着了解、交流、碰撞、借鉴与融合的方向前进。在此背景下，建立自身的文化自信，正是与世界各文明民族进行文化交流的基本要求。五千年中华文明与文化正在不断地被其他文明所发现、所挖掘、所认知，汉语言正在生长为世界语言，儒文化正在世界各地生根发芽。

借助这样一种正在成长着的文化自信、自觉、开放、亲和之力，用我们这个时代的学术眼光全面系统梳理中华五千年的文明与文化，向其他各大文明与文化圈正面展示自我，让中华优秀文化成为世界文化的重要组成部分，正是我们出版这套文库的目的之一。此其一。

知己才能知彼。身处五千年文化浸润的今天，重新思考我们先人的人生思考、价值思考与哲学思考，找到一个民族、一个国家的价值所在、立命所在、安身所在，这已经是我们这个时代的学人与出版人不得不再思考的问题。作为中华文明的一分子，我们在思考的同时，还必须了解我们的先人创造了如何优秀的精神文明与物质文明以及社会文明。只有熟知自己的文化，热爱自己的文化，悟明自己的文化，我们才能宣说自己、弘扬自己、光大自己。因此，我们策划组织这套《华夏文库》的初衷，还在于让当下的知识青年全面系统瞭望中华文明与文化的全景，并借此能够对更为深广的世界各民族文化提供一个比较认知的基础。此其二。

顺势才能有为。我们正处在农耕文明、工业文明、信息文明的交汇处，信息文明带领我们从读纸时代进入读屏时代，以智能手机屏幕为代表的书籍呈现方式正在与纸质书籍争夺阅读时间与空间。我们正在领悟数字技术，正在以信息文明的视角，去整理、分析和研究农耕文明与工业文明的文化遗产，不仅仅是为了唤醒优秀的传统文化，我们还在生发和原创着当今时代的文化。由此，我们试图架起一座桥梁——由纸质呈现而数字呈现，由数字呈现而纸质呈现，以多媒介的书籍呈现方式，将文字、图像、声音与视频四者结合，共同筑成《华夏文库》以奉献给信息文明时代的新读者。此其三。

总之，这是一套——专家大家名家写小书；以最小的阅读单元，原创撰写中华精神文化、物质文化与社会文明系列主题与专题；以图文、音视频多媒介呈现的方式，全面介绍与传播中华文明与优秀文化，系统普及与推介中华文明与文化知识；主旨是为了让世界与中国共同了解中国的——大型丛书，借此，复兴文化，唤起精神，融入世界。

耿相新

2013 年 6 月 27 日

目 录

一 梁漱溟
——现代孔夫子

1 生平
　　——问题中人 ································· 2

2 时代思潮
　　——东西文化碰撞下的中国 ············· 15

3 学术造诣
　　——现代新儒家的开启者 ················· 20

4 家族和师友
　　——名门名家 ································ 34

5 时人对梁漱溟的评判 ···················· 41

二　熊十力
——现代醇儒

1　生平
　　——熊大胆 ················· 49

2　时代思潮
　　——中国向何处去 ············· 55

3　学术造诣
　　——体用不二论圣学 ············ 59

4　人生的善知识 ················· 75

5　时人对熊十力的评判 ············· 80

三　冯友兰
——一代学儒

1　生平
　　——动心忍性希前哲 ············ 87

2　新的世代更迭
　　——艰难地走向世界之旅 ········· 103

3 学术造诣
　　——新理学 ·· 109
4 小家成大家 ·· 124
5 饱受争议的冯友兰 ·· 129

小知识目录

幼教宝典	14
研究系	19
《东西文化及其哲学》	32
你知道什么叫作"生活"吗？	32
京剧	39
健康长寿的秘诀和长寿的意义	39
现代新儒家	46
圣贤书可以治"病"	54
《新唯识论》	74
"改良"的争议	100
"孙行者；胡适之"	100
西南联合大学校歌歌词	101
生死的淡定	102
"东铭"	106
话剧欣赏：《袁世凯和议会》	106
猜灯谜	107
冯友兰为金岳霖所作的对联	107

《新理学》……………………………………………… 121
回答以下问题，看看你的人生境界如何 …………… 121
《中国哲学史新编》…………………………………… 122
冯友兰为宗璞所作的诗歌 …………………………… 128

一 梁漱溟

——现代孔夫子

1. 生平
——问题中人

梁漱溟是一个什么样的人？看看他自己怎么说！"大家误解我什么？这就是误认我是一个学者，甚或说是什么'哲学家''佛学家''国学家'……这真是于两面都不合适：一面固然糟蹋了学者以及国学家，一面亦埋没了我简单纯粹的本来面目。我原是个不学的人，更且从来不存求为学者之一念。"他说自己："我省思再三，我自己认识我，我实在不是学问中人，我可算是'问题中人'。""我自14岁进入中学之后，便有一股向上之心驱使我在两个问题上追求不已：一是人生问题，即人活着为了什么；二是社会问题亦即是中国问题，中国向何处去。"前者使其成为哲学家，成为佛家；后者使其成为政治家，成为儒家。

有"问题"的儒家

1893年的北京被战争的阴云笼罩着，表面平静的紫禁城内的主人们已经感到了落日的无奈。远在湖北的湖广总督张之洞在努力地推行"洋务"，力求挽救清王朝的覆亡。老百姓依旧过着几千年如一日的柴米油盐的生活，但改革和革命的暗潮汹涌，清王朝这艘大船已经在波涛汹涌的海潮中迷失了航行的方向。

就在这一年的9月9日，在北京的安福胡同，一个生命诞生了——第二年，甲午中日战争就爆发了，清政府再一次遭受了重创。在这个动荡的年代，个人的生活和家庭的生活无时无刻不面临着选择和社会变迁的冲击，一个普通的老百姓可以苟且地度过自己的一生，也可以采取积极的态度力求改变这个社会——生在这样一个时代，好像就注定了一生有思考不完的人生和社会问题似的。时代和个人的先天禀赋成就了一个有"问题"的儒家，一个充满了自我色彩的儒家，一个和事功密切联系在一起的儒家，这个人就是梁漱溟。

梁漱溟是一个善于发现问题，善于寻找问题答案的人。内心充满了问题意识，想要解决这些问题，促使他去思考答案，从而成就了他的学识和学问。"问题是根苗，大学问像是一棵大树，从根苗上发展长大起来；而环境见闻（读

1988年年初梁漱溟于北京，时年95岁
1988年4月10日，梁漱溟先生给张小曼同志写下的题词是："廓然大公，物来顺应。"这可以看成是先生一生的写照

书在其内)、生活实践,则是它的滋养资料,久而久之蔚然成一大系统。思想进步的原理,一言总括之,就是如此。"

天生有"道"

有问题意识的人,往往不是灵活的人,而可能是比较笨的人。因为笨,对很多事情不那么了解,所以生出许许多多的问题,又对问题太认真,一定要找到个答案,从而就变得越来越聪明智慧了。"大智若愚",按照中国古人的认识,智慧和聪明不是一回事。智慧者有道,

梁漱溟于家塾中求学时与老师、同学的合影,立于老师身侧者为梁漱溟
1898年,梁漱溟开始读书,由一位孟老师在家里教,读《三字经》《百家姓》,也有《地球韵言》

聪明者只是头脑机灵、社会经验丰富、做事有办法。梁漱溟可以说是天生有"道",而不是天生有"才"。是因为"有道"才让他成为一个"有才"的人。

他的童年没有什么特别之处,且身体很弱,头脑呆笨。6岁的时候,他还因为不会系裤子上的纽扣而闹了一次笑话。一天早上,当隔壁的母亲问他为什么还不起床时,他居然回答说:"妹妹不给我穿裤子呀!"家里人都笑了起来。原来裤子上有带条,需要从背后系引到前面来,打一个结扣。梁漱溟不会弄。他不活泼,神情不像一个少年,中学时候,同学还给他起了一个外号叫作"小老哥"。思想往往来自"愚笨",而不是"聪明"。聪明人往往与思想无缘。梁漱溟就是一个典型的例子。

利害之分析:西洋之功利主义

1906年夏天,梁漱溟考入"顺天中学堂"。这个学堂是福建人陈璧创办的。他在这里读了5年多,直到辛亥武昌起义爆发。随着年龄的增长,梁漱溟和其他的小孩子一样,慢慢地萌生了一个问题:什么叫作"有好处"?不过,梁漱溟和其他的小孩子不同的地方是:他关于好处的想法形成了系统,并坚持用一个想法衡量不同的事物;另外,他不局限于想对自己的好处。大约14岁以后,梁漱溟形成自己的人生思想,胸中自有一个价值标准。这个标准就是看一件事情是否有利于人和社会,看好处的大小。他后来认为自己当时的思想与西方的"功利主义""最大多数幸福主义""实用主义""工具主义"相近。这种思想大致持续到了19岁。

在顺天中学堂,他有一个好同学,叫作郭人麟,字晓峰。郭人麟长得像女子,气敛,神情严肃,对老子、庄子和佛经、易经都有心得。

顺天中学堂老校门,地址就在北京地安门外兵将局
1901年10月30日,陈璧与徐会沣奏请"谨遵前旨,拟将兵将局抄产官房,拨给顺天府,作为首善中学堂"

他嗤笑梁漱溟的时候往往使得梁漱溟惘然如失,顺着梁漱溟要做大事情的心理来诱导,又使得梁漱溟心悦诚服。在郭人麟的影响下,梁漱溟的思想发生了很大的变化。梁漱溟崇拜自己的这个同学,尊称其为"郭师",并记录他的谈话,整理成"郭师语录",同学讥笑为"梁贤人遇上了郭圣人"。梁漱溟说:"自与郭君结交之后,我一向狭隘的功利见解为之打破,对哲学始知尊重。"他从此以后不敢再轻视佛教和老子,为他转向佛学埋下了种子。

中学时代的梁漱溟还有一点是值得一提的:他表现出了一个思想

家必备的素质——创新和独立思考。"我的特点是总喜欢作翻案文章,不肯落俗套。"这一点保证了其思想的创造性和独特性。凡是一代思想家,一代大家,思想要有活力,有冲击力,有创造性,有独特性,

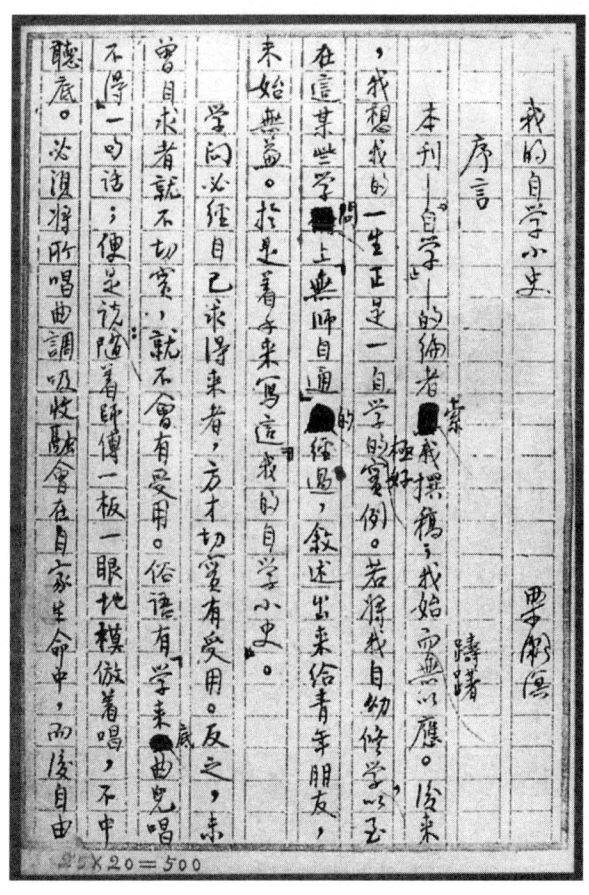

《我的自学小史》手稿之一页
《我的自学小史》前 11 节写于 1942 年,第 12 至 18 节于 1974 年补完

释迦牟尼

释迦牟尼是佛教创始人,原名悉达多·乔答摩(约公元前565~前486年)。"释迦"是种族名,"牟尼"是尊称,合起来即表达"释迦族的圣人"的意思

没有独特性的思想难以在历史上留存下来，并产生较大的影响。独特性是哲学思想的价值之一。

苦乐之研索：转入古印度的出世思想

二十岁到二十八九岁期间是出世思想占据梁漱溟生活的时期。这期间梁漱溟认识到人生最大的问题、最大的苦恼是心都放在外边的事物上，人总是想着向外面去解决，这是根本错误的。

梁漱溟自己曾经总结了他转入佛教的原因。他的总结大概反映了信仰佛教的人的大致情况：

其一，感情太真挚的人容易受到伤害，从而陷入了烦恼，自己无法排遣，很容易皈依佛教寻求解脱；

其二，事功心强的人容易遇到挫折，遇到挫折后容易寻求心灵的支持；

其三，想法多的人想得太多，导致自己太坚持自己的见解了，容易和别人发生冲突，也会寻找思想的出路。

归落到儒家：回到世间来

从1917到1924年，梁漱溟在北大任教。在这7年中，一心想出家的他改变了自己的生活道路；学识上成熟了，形成了自己的独立见解。蔡元培认为需要以研究的态度对待孔子和儒学，梁漱溟则抱着发挥的态度。"我不仅仅是不反对而已，我这次进北大，除替释迦、孔子发挥而外，不再做旁的事。"

梁漱溟转入儒家大致有如下几个原因：

梁漱溟与毕业生留影

1918年6月,北大哲学系毕业生与教师在办公处门前合影留念。一排右二为梁漱溟,右三为陈独秀,右四为蔡元培,二排左四为冯友兰

其一,受到《论语》的启发。因为《论语》讲"乐以忘忧",不是讲"苦乐",而是讲"忧乐",并且强调要保持乐,忘掉忧愁,这显得更积极一些,更着眼于抓住正面的心情和情绪,通过努力让肯定的心情和想法主导自己的人生,这一点让梁漱溟很感兴趣,也非常有利于他走出对人生和社会的悲观的想法。

其二,北大的环境使然。北大是知识分子集中的地方,有知识的人往往更为好名、好胜,这激发了梁漱溟的竞争心,并且使得潜藏的欲望被激发出来了。佛学再也无法抑制他的欲望了,逢到机会就触发了欲望,使得他放弃了出家之心。

其三，受到泰州学派王心斋的影响，他改变了自己的想法和做法。1920年春天，梁漱溟应少年中国学会的邀请做宗教问题的讲演。在补写讲稿的时候遇到了困难，就随手翻翻《明儒学案》，在《东崖语录》中看到"百虑交锢，血气靡宁"八个字，觉得讲的正是自己。这八个字的意思是说，想得太多，让自己的气和血不能安宁。然后他便决然放弃了出家的念头。

儒家的现代化：乡村重建和民主的第三条道路

1924年暑期，梁漱溟辞去北大教职，自己办学。正规的教育体系能够成就一个思想家，但是往往也是一种制约。对熊十力是这样，对梁漱溟也是这样。北京大学虽然相对开放，相对自由，但是毕竟需要行政管理，学生去读书并不一定单纯是为了学问，职业和功利的考虑

投身"乡治"事业
1934年梁漱溟接任山东乡村建设研究院（邹平）院长，于办公室前留影。在邹平曾自为联语云"吾生有涯愿无尽，心期填海力移山"

是很重要的一个部分。这是正规的学校教育很难避免的。而思想家恰好愿意关注别人不愿意关注的人生问题,对人与人之间的真挚的友情有一份执着。这些促使梁漱溟自己去办学。

他从关心人生的苦乐,很自然地想到导致人生痛苦的原因当然还包括社会,所以除了要从内部解决以外,一个好的社会也是很重要的。他先参加河南村治学院(1929年),后创办山东乡村建设研究院(1931～1937年),从事"乡村建设"运动。

1940年梁漱溟参加发起中国民主同盟,次年赴香港办《光明报》。

1946年被邀参加政治协商会议(重庆),后代表民盟参与两党和谈,成功地扮演了中国政治生活中的第三方面。他说:"民主同盟不是第三党派,是什么呢?是想推动两大党团结抗敌,合作建国,能够团结抗敌就好了,能够合作建国就好了。"他抱着"从团结求统一"的立场积极探讨合作救国的道路。

评价孔子的独立态度

中华人民共和国建立以后,梁漱溟还是想保持第三方面的社会角色,但是形势发生了很大的变化,或者说梁漱溟自己的判断和历史发生了错位。随着历史的变迁,没有了与共产党对应的第二方面,一些第三方面的人员加入了新政府,在思想上也逐步统一到党的思路上。在这种情况下,想要替所谓的各方说话就成了空谈,而且自己很容易成为第二方面。"而我是曾经以第三方面的身份,为国事奔走过的人。一旦大局发生变化,仍需要我这样的人为国事奔走。如果我自身参加了新政府,就失去为各方说话的身份了。"基于这种想法,他曾经担任第一、二、三、四届全国政协委员,第五、六、七届全国政协常委。

他力求旁观者清。这一坚持集中表现在对孔子的评价方面：

其一，坚持以理性的态度评价孔子。"我认为，孔子本身不是宗教，也不要人信仰他，他只要人相信自己的理性。"

梁漱溟　摄于 20 世纪 70 年代
梁漱溟在 20 世纪 70 年代，更多地关注养生，并完成《人心与人生》，重新写作《东方学术概观》

其二，坚持一分为二评价孔子。认为孔子有功和过两个方面。"今天我们若轻率地贬低孔子或抬高孔子，皆于他无所增损，只是自己荒唐妄为。"

其三，主张区分学术研究和政治问题。"而今从儒家书籍（主要是'四书'）中引出许多话，看它在历史上发生了什么影响，特别是不好的影响，如缓和了阶级斗争，耽误了中国社会的发展、进步，在今天则妨碍社会主义革命和建设，等等。这种分析、批判不无道理，但亦不能简单化，把学术研究和政治问题搅在一起。"当时人们认为孔子是捍卫奴隶制度的，梁漱溟则认为奴隶制的说法不足信。

在中国历史上凡是涉及发展道路选择的时候，往往都要牵扯出孔子。就像今天一样，孔子上电视了，孔子被拍成电影了，孔子被娱乐化了，被大众"消费"了。如何理解孔子是一个常谈常青的话题，不过有一些共性的评价方式。

小知识◎幼教宝典

　　梁漱溟的父亲的家教常常有三项内容。"10岁前后（七八岁至十二三岁）所受父亲的教育，大多是下列三项：一是讲戏，父亲平日喜看京戏，即以戏中故事情节讲给儿女听；一是携同出街，购买日用品，或办一些零碎事，其意盖在练习经历事物，懂得社会人情；一是关于卫生或其他的许多嘱咐，总要儿童知道如何照料自己的身体。"

2. 时代思潮
——东西文化碰撞下的中国

胡适助手章衣萍《枕上随笔》:"我在南京暑期学校读书,曾看见一个青年,把自己的名字取消了,唤作'你我他'。后来到北京,在北大一院门口碰见一个朋友偕了一个剪发女青年,我问她:'你贵姓?'她瞪着眼看了我一会,嚷着说:'我是没有姓的!'"重视名字,重视姓,反映了中国文化对血缘亲情的重视。从这个故事可以了解当时东西文化的碰撞。

《东西文化及其哲学》
首次出版于1921年

中、西、印

梁漱溟说:"我讲印度哲学,同近代西洋文明与当时口号'民主、科学'不合,不时髦,逼出我来讲'东西文化及其哲学'。"

东西文化激荡带来了中国近现代几次大的时代思潮。从早期经世派的"师夷长技以制夷"到洋务派的"中体西用",再到维新运动的"君主立宪",到辛亥革命推翻了清王朝,五四运动时期不同的文化矛盾冲突达到了高潮,爆发了东西方文明论争、科玄论战,出现了"整理国故"和"打倒孔家店"等口号。如何面对这种文化冲突,关系着中国问题和人生问题的解决。

事功与学问

中西冲突导致了新的中国问题和人生问题,这就引出了解决问题的迫切性。但相比于西方学术而言,近代的思想家发现中国的学问往往是"术",而不是"学",这要求发展学问来救国,需要有"主义"才能救中国,这其中包含了问题与主义、学问与事功的尖锐矛盾。

严复认为西方人做事情都有学术作基础,中国则停留在"术"的层面。西洋"且其为事也,又——皆本之学术"。

王国维则进一步指出庚辛以来的杂志,"本不知学问为何物,而但有政治上之目的",学术缺乏兴趣,往往把学问当成了政治的手段。

孙中山依据科学发明对于生产的指导作用,以及科学发明的困难说明了"知难行易",推崇"知"的重要性。

但中国文化的基本精神之一就是知行合一,强调"行"符合儒家的基本精神,同时近代社会问题的严重性和紧迫性也要求突出事功和"行"的重要性。问题和学问之间既具有统一性,又具有矛盾性和差异性,如何处理二者的关系是个人,更是社会的课题。

维新和革命

梁漱溟还有一个同学,叫作甄元熙。他介绍梁漱溟加入了孙中山领导的同盟会的分部京津同盟会,他的思想由赞同维新宪政转到倾向革命,开始走向社会。革命部分成功了,放下了刀子,则要拿起笔杆子。革命对梁漱溟的影响可以从他自己的一段叙述中看出来:"按常理说,一个青年应当是由'求学'到'就业';但在近几十年的中国青年,却每每是由'求学'而'革命'。我亦是其中一个。"

社会改革和政治革命

从近代到现代,中国的改革和革命走着一条相反的道路。原来的中国社会和国家、政府不分,都统一在君臣、父子、夫妻、朋友的关系之中。

近代中国的改革和革命总的思路是区分社会结构,区分社会不等同于国家,民族不等同于国家,国家不等同于政府,国家和政府不等同于人民。

所以要中国自强,就分为民众的强大、政府的强大、国家的强大等不同方面。中国要强大,国家和政府要强大,民族要强大,最后则是民众强大,民众的强大则包括思想自强,体力自强,道德自强,这就要开民智,强民力,兴民德。

着眼国家和政府的强大,则会批评清政府或者军阀政府,就会导致优先政治革命的想法,就会优先考虑民族独立和民族统一问题,对西方重点看到其帝国本性、殖民本性、剥削本性、欺骗本性;着眼民众的强大、社会的强大，则会关注问题。优先关注民众的文化、道德和体力以及个性解放就成了主张社会改革，优先考虑国家独立和民族解放就属于政治革命的范畴。如胡适坚持实验主义，倾向于社会改革。

　　个人解放和民族解放之间有一种互动的关系，有一种互相抵消的关系。个人的觉醒总是和承担对他人、对民族和国家的责任是不可分割的，反过来，对民族和国家的责任感同样会促进个人的自我启蒙和追求个性解放。

小知识◎研究系

辛亥革命以后,国会内有两派主要的人物:一派是梁启超、汤化龙、林长民,一派是孙中山、黄兴、宋教仁。袁世凯死后,黎元洪继任总统,段祺瑞为总理。国会把主要的精力用在了制宪上面了,梁启超这一派被称为研究系、政学会。

梁漱溟出生后正好赶上维新变法运动,他深受影响。梁漱溟的父亲就是维新运动的支持者,梁家的儿女亲家彭翼仲办的《京话日报》,对北方产生了很大的影响。中学时候梁漱溟经常阅读主张维新的文字,如梁启超主编的《新民丛报》。"在那维新前进的空气中,自具一种超越世俗的见识主张,使我意识到世俗之人虽不必是坏人,但缺乏眼光见识那就是不行的;因此,一个人必须力争上游。所谓一片向上心,大抵在当时便是如此。"

3. 学术造诣
——现代新儒家的开启者

1917年10月,梁漱溟正式进入北京大学,但他在司法部太忙,就托朋友许季上代课,1918年他进入北大。当时正是新文化运动发展的初期,新思潮的代表人物有蔡元培、胡适、陈独秀等人,新思潮提倡民主和科学,提出"打倒孔家店",对传统文化提出了严厉的批判。虽然当时也有反对西方文化的国故派,有希望调和中西文化的折中派,但梁漱溟在北京大学讲印度哲学还是脱离了时代的潮流,每周两个小时的课程,选课的人越来越少,尽管他出版了《印度哲学概论》一书。梁漱溟后来回忆说,一个没有学问的人之所以会进入北大任教,关键就在于他讲印度哲学,这叫作出奇制胜。梁漱溟之所以是梁漱溟,就是因为他对文化危机有一种自觉。文化危机有很多表现,但是生活在其中的人如果没有文化的自觉和文化的使命感,是很难感到文化的危机的。

北京大学

冯友兰认为北京大学的校史可以从汉朝的太学算起。其真正前身是京师大学堂。1898年经光绪皇帝下诏,京师大学堂在孙家鼐的主持下在北京创立。1912年5月,京师大学堂改名为北京大学,北京大学一度成为现代新儒学大师成长的摇篮

北京圆明园西洋楼大水法遗址
西洋楼由大水法、观水法、线法山、线法画等十余座西式建筑和庭院组成，由传教士设计监修

中国文化危机论

什么叫作一种文化的危机呢？就像一个人学英文，学会了英文，却不能很好地用汉语说话和写作了。就像一个中国人却一点也不了解自己的经典的思想而没有感到不自在。梁漱溟认为像有的国家的未来完全西化了，自然也就谈不上文化的问题。"一个民族因图他的生活才有文化，假使他这民族已受统治于一个别的民族，差不多'图他的生活'这桩事由别人代谋了，他自己的文化适不适全然不觉得，哪里还有应于要求而产生的文化呢？"

梁漱溟指出，对于中国而言，文化问题显得尤其重要，因为日本学习西方已经很有成就了，印度也在很大程度上西化了，只有中国还在寻找自己的道路。就像有三个人，其中一个人学外国人的活法，已经学得很好，完全像个洋人了，自然不感觉到有文化的矛盾和冲突；另外一个人受雇于外国老板，外国老板让你干什么你就干什么，就是你有你自己的想法也没有什么意义；第三个人则摇摆于二者之间，想学西方，又想保留自己的文化传统，处在摇摆的状态。最后这个人就是中国和中国人的状态。"现在偏偏留得一个中国国民既没有像日本那样擅于摹取别家文化，登了日进无疆之途，东西化问题竟成了不急之务，又不像印度那样统治于西化国民之下成了不解决之解决，却要他自己去应付这危险迫切的形势，去图他的生活。我想但使中国民族不至绝亡，他一定会对于这新化、故化有一番解决，有一番成就。"

以三条路向论中国文化、印度文化和西方文化

梁漱溟的学术贡献体现在他的看法意味着中国人在与西方文明的接触中进入了反思的阶段，开始对西方文化和印度文化、中国文化进行批判的、科学的研究，以便为中国建立一种有前途的比较好的文明模式。

我们设计一个情景来帮助大家理解梁漱溟的思想。假设现在有三个人，大家是好朋友，但是这三个人性格不一样，关心的问题也不一样。

A 喜欢自然界，并且喜欢研究自然界，喜欢把事物弄开，使用解剖、分解、化验的方法。就像但尼生（Tennyson）的诗描述的那样："墙上的花，我把你从裂缝中拔下；握在掌中，拿到此处，连根带花，小小的花，如果我能了解你是什么，一切一切，连根带花，我就能够知

道神是什么，人是什么。"希望征服自然界获得满足。

B则最懂得人情世故，善于把握人心，能够了解别人的感情和想法。以获得他人的心灵的认可为最大的满足。

C则整天检讨自己的内心有什么不对的想法，检讨自己什么事情做错了。以征服自己的内心和自我的性格为最大的满足。

A、B、C这三个人哪个更像西方人，哪个更像中国人，哪个更像印度人呢？显然，A更符合西方文化，B能代表中国文化，C能代表印度文化。

在梁漱溟的心目中，说清楚中国、印度和西洋人的生活和文化，需要看心灵的运行方向，要看心灵关注的对象，要看心灵解决问题使用的工具和手段。

从对象来说是梁漱溟在《人心与人生》一书中比较强调的。他说："人类生活中所遇到的问题有三不同；人类生活中所秉持的态度（即所以应付问题者）有三不同；因而人类文化将有次第不同之三期。第一问题是人对于物的问题，为当前之碍者即眼前面之自然界；——此其性质上为我们所可得到满足者。第二问题是人对于人的问题，为当前之碍者在所谓'他心'；——此其性质上为得到满足与否不由我一方决定者。第三问题是人对于自己的问题，为当前之碍者乃还在自己生命本身；——此其性质上为绝对不能满足者。"

从方向来说，则有三个方向。他认为人类文化解决问题的方法或生活的样法有下列三种："（一）向前面要求；（二）对于自己的意思变换、调和、持中；（三）转身向后去要求。这是三个不同的路向。"西方化是以意欲向前要求为其根本精神的，中国文化是以意欲自为、调和、持中为其根本精神的，印度文化是以意欲反身向后要求为其根本精神的。

饮茶
茶可以使人心灵宁静，不过喝茶本身却是与众人分享快乐，讲究的是情感，是茶趣和茶味，这是中国文化的典型特征

我在讲课的时候经常举一个例子来帮助理解梁漱溟的思想。比如一个人准备去饭店吃饭，结果出去一看，想要去的那个饭店关门了。这个时候可以有三种处理办法：

第一种是再找第二家、第三家，直到吃上饭为止。

第二种是换个想法，既然饭店不开门，就不去饭店吃饭了，回到家中自己来做。

第三种是既然饭店不开门，看来是不该吃饭，看来吃饭这个想法是有问题的，不过是一个习惯，这么一想，反倒不觉得饿了。

第一种是西方人的做法，第二种是中国人的做法，第三种是印度人的做法。

从使用的工具来看，意欲所向不同，所采用的认识工具自然也会有所差异。这就是理智、直觉、现量。

关于这三个工具比较复杂，有点抽象，不好理解。通俗地说西方人喜欢使用概念，喜欢下定义，喜欢区分什么是你的，什么是我的，喜欢区分事物的界限，喜欢分析和综合，喜欢算计，这都是理智的事情。"此种简综的作用即所谓'比量智'。"

直觉就是另外一回事情了，比如你说一个人是好人。你可能也不清楚好人的定义是什么，好人和坏人的界限到底在哪里，也不知道每个人的好人概念有什么不同，只是直觉他是个好人。这就是使用了直觉这个工具，觉得那个人好。

现量这个工具就更复杂了，梁漱溟直接把现量说成感觉，就是"对性镜的那一种认识作用"。不过这个感觉不是眼睛看、耳朵听那个感觉。有歌词唱"跟着感觉走"，但什么是感觉呢？感觉更多的是一个西化的名词，在西方指的是人的眼睛看东西的功能，耳朵听声音的功能，身体感触的功能，等等。跟着感觉走就是跟着感官的快乐、痛苦的感受走。如果说人心里面有一盏灯，灯光照在一面镜子上，镜子折射出来的光又照到一棵树上。现量是什么呢？就是那个灯自己知道自己的光照到镜子上了，也知道镜子反光了，反了的光又照到树木上了，从而能够对树木有反应。在梁漱溟看来，印度人就研究到了那个光源本身。人的眼睛为什么能看到东西呢？耳朵为什么能听到东西呢？比如我们看一本书在眼前，我们本身的眼睛要有光，书本身有一定的亮度，我们才能看到。我们在睡觉的时候，别人喊你会醒来，这说明耳朵听力没有睡着，这个功能往往被王阳明说成是"良知"，佛教哲学则说成是"性"。本性有光照射出来，但不是直接照射出来的，是通过眼睛、耳朵这些感官，然后对外部的事物形成了影像。现量就是本性能够借助感官认识外部的事物，那个事物相对于本性来讲叫作"性镜"。

把上述三个方面合起来就出现了三个系列：A—重点面对物—理智的工具—向前面要求；B—重点面对人和人心—直觉工具—对于自己的意思变换、调和、持中；C—重点面对自己的生命本身—现量工具—转身向后去要求。

人心的洞见

洞见人心有很多方式，比如从社会经验也可以获得人心的洞见。但那只能构成个人的人生哲学，学者的洞见则是成系统的洞见。梁漱溟对人心的看法，吸收了西方的观念和印度的观念，又按照中国的精神进行了说明。

比如说什么叫作"心"呢？其一，按照王阳明的说法，心是就主宰性而言的。只要一个事物有某种自由性，有主宰性的功能，那就是心。比如两个人在一起，其中一个人往往起到主宰的作用，我们常常称呼那个人叫作"核心"。这是中国古代人对"心"字独特的使用方法。在梁漱溟看来，人心具有主动性、灵活性和计划性。人身只给人心开出机会来，有灵活之可能而已。"人身只给人心开出机会来，有灵活之可能而已；灵活固不可以前定者。……不灵活不足以为人心。"人身、人脑只是给人心、生命开豁出道路来，容得它更方便地发挥透露其生命本性。

其二，强调精神的力量。西方人把人的意识分成了感觉、知觉和印象、概念等类别。感觉就是眼睛看、耳朵听等功能，知觉就是把这些感觉综合起来形成一个统一的印象。西方人很相信感觉，当然也有怀疑感觉的可靠性的学说。不过东方的学说认为感觉不是第一位的，感觉不过像是光照到镜子上了，镜子又反出光来了。真正有力量的是那个光源。《东西文化及其哲学》认为"意识是很没有力量的，精神是很有力量的，并且有完全的力量"。

其三，梁漱溟区分了理智和理性。什么叫作理性和理智呢？比如一个人和另一个人打交道，彼此之间不掺杂任何感情因素，这叫作理智,掺杂了感情因素的判断叫作理性。他认为中国人讲究理性,西方人崇尚理智。

人生归趣:直觉的生活

人生的意义是什么呢?这是任何一个哲学家都要追问的问题。在梁漱溟看来,人生的意义就是实现生命的本性,而"生命本性就是莫知其所以然的无止境的向上奋进,不断翻新"。人生就是不断地向上追求,不断地超越自我。

如何才能超越自我呢?就是要恰当地处理好身心关系,让心灵主宰身体。"必若心主乎身,身从心而活动,乃见其为向上前进;反之,心不自主而役于此身,那便是退堕了。"

如何让生命灵活自由的本性得以实现呢?这需要真道德,需要真道德心灵本性的伟大而又可贵的创造表现。"人寻常容易陷于身中者,即囿于自己气质习惯之谓。个人的习惯和社会礼俗相关联,多半随和礼俗,此庸俗的道德,缺乏独立自主";"德育之本在启发自觉向上,必自觉向上乃为道德之真。习惯和社会环境总分不开,好习惯往往不过是社会所需要的道德非真道德。"

如何才能实现真的道德呢?他认为:"美德要真自内发的直觉而来才算。非完全自由活动则直觉不能敏锐而强有力,故一入习惯就呆定麻疲。而根本把道德摧残了。"遇事便当下随感而应,这随感而应,就是对的。直觉这个概念是一个比较难以理解的概念。从做事情上看,倒是好理解的。比如你现在出门到一个地方去。结果走到一个十字路口,是向左走还是向右走呢?你没有地图,以前也没有走过,你也不打算问路。问路属于使用感觉,看地图属于使用比量。这个时候你就

桃源图

《桃源图》描绘了东晋陶渊明所写的《桃花源记》中的世外桃源,反映出超然世外,不为人间俗物所扰的自得境界

听你内心的第一个判断,向左走了,结果走对了,这就是直觉。他指出:孔家没有别的,就是要顺着自然道理,顶活泼顶流畅地去生发。他认为孔子的"毋意、毋必、毋固、毋我"说明孔子有一个很重要的态度,"就是一切不认定"。

中国特殊道路的探索

在梁漱溟的心目中,只有认识老中国,才能建设新中国。他认为老中国是融国家于社会,以武力为主体而形成阶级统治,社会则缺乏固定成形的阶级。在社会发展的常态时期,人人向里用力,形成向里面用力的人生观。否则,会引发社会动荡。在社会动荡时期,人心开始向外。这个时候形成武力集团。梁漱溟曾经认为中国问题的特殊性是:中国自20世纪以来的分裂不是全国各个地区的不统一,而是浮在上面的军阀和政府不统一;被统治的百姓和社会成了第三者,无秩

旧式乡村

"除文盲，作新民"这几个字反映了中国乡村的新旧更替。"新民""亲民"本是《大学》中的词语，这里是指要做"公民"的意思

序的破坏代替了有秩序的剥削。

基于以上认识，他提出建设新中国的方案是乡村建设，"融伦理、经济、文化、教育、科技、政治、治安于一体，以乡村为基地，从普及民众教育入手，先搞实验，一个县，一个省，逐步扩大，而避免武力，结束内战"。

梁漱溟认为中国问题是由外面引发的，解决问题则要从内部来进行，进行文化的整体补充改造，即包括经济改造和政治改造。乡村建设只是近乎改良，而实际乃是革命。这条道路统一于下，而不是统一于上。"如果公众没有参与国政，争取个人自由和公民权利的要求，宪政只在上层说来说去，是无用的。"梁漱溟悟到制度与习惯间关系巨大，制度依靠习惯，西洋政治制度在中国实现最大的依赖条件是习惯问题。中国农村和农民最缺少的习惯是两个东西：一个是团体生活的习惯；一个是科学技术。所以要养成一种合作商量的风气，养成一种彼此相让的礼俗，公事多数表决与私事不得干涉；前者即所谓公民权，后者即所谓自由权。

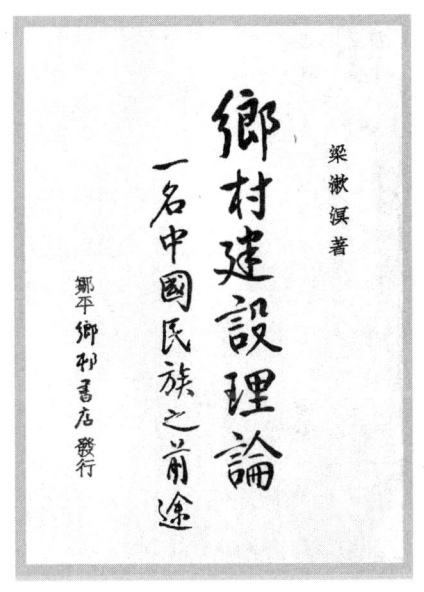

梁漱溟的著作《乡村建设理论》
《乡村建设理论》1937年由邹平乡村书店出版，阐述了乡村建设必须依靠教育手段，通过社会组织的重建和现代科学生产及生活知识的灌输来实现

梁漱溟的乡村建设运动具有新儒家的特征：其一，乡村建设体现了学问和运动的统一，是知识分子和庶民结合的产物，保留了儒家的精神传统。"所谓'乡治'，包括后来的'村治''乡建'，都是我国办教育思想的发展，即讲学、搞学问要与做社会运动合而为一，不是单纯地在课堂上讲哲学，书斋里做研究，而是有言又有行，与社会改造融为一体，打成一片。"

其二，乡村建设运动是建立在对中西文化的分析的基础上的，梁漱溟认识到中国文化的固有传统，力求从乡村入手，建立新的融合西方文化优点的新秩序。"1927年在朋友的劝勉下，我南下到北伐后不久的广州。在这里我一面觉得南方富有革命朝气，为全国大局好转带来一线曙光，一面又不同意以俄为师，模仿国外，背弃中国固有文化的做法,因此我虽接办了广东省一中,但此时考虑得更多的乃是自己的'乡治'主张。依我看来,由于中西文化的根本差异,惟有先在广大农村推行乡治,逐步培养农民新的政治生活习惯,西方政治制度才能得以在中国实施。"

小知识◎《东西文化及其哲学》

《东西文化及其哲学》最先是梁漱溟1920年在北京大学演讲的内容,1921年在济南讲演时,曾陆续印发过记录稿,同年10月由北京财政部印刷局印成专书。自1922年1月起,改由上海商务印书馆出版,至1930年先后计发行八版。1987年2月商务印书馆又根据小字本影印出版。《东西文化及其哲学》奠定了他整个思想的基础,《中国文化要义》《人心与人生》又从不同的方面做了补充和完善。

◎你知道什么叫作"生活"吗?

文化的差异是民族生活样法的差异,进一步说就是生活中解决问题之方法的不同。文化不过是那一民族生活的样法罢了。生活又是什么呢?在梁漱溟看来,生活就是无尽的意欲(will)和那不断的满足与不满足罢了。文化的不同"不过是他那为生活样法最初本因的意欲分出两异的方向,所以发挥出来的便两样罢了。然则你要去求一家文化的根本或源泉,

《朝话》
《朝话》，初版是在 1937 年，根据梁漱溟朝会时讲话的笔录编印而成

你只要去看文化的根源的意欲，这家的方向如何与他家的不同"。"唯诚实的走路乃走一条路，一条逼直的路，唯走一条路乃为'一个人的生活'。""因为我问而得答的时候，我就要求如所答的生活，这个要求不是要求别人给我如此一个生活，是我要我如此去生活。"

4. 家族和师友
——名门名家

"但几百年来与汉族通婚，不断融合两种不同的血统，自然是具有中间性的气质的。再说我家由中国北方而南方，又由南方而北方，我祖母、母亲系统亦如此，其后代亦难免兼有南北方人的两种素质和禀赋，亦富有一种中间性的。我所分析的这种中间性，至少与父亲和我这两代人的气质、秉性是相关的。"南北、蒙汉融合的家庭，使得梁漱溟具有中间性和矛盾性的品格，他几乎成了近现代中国文化和中国社会、中国人矛盾的化身。

中间性的家庭

家族与个人的成长是什么关系？一方面，家族关系是个人成长的条件。另一方面，家族极大地影响个人的心理。有一个令人感动的好的家族历史，常给人以信心和使命感；卑微的家族可以让人焕发荣耀家族的动力。用佛学语言来说，家族是个人的共业，家族就像舞台，个人则是这一舞台上的"舞者",是"剧中人"。

梁漱溟的祖先与元朝皇帝同宗室,姓"也先帖木耳",蒙古族。元朝灭亡以后,元顺帝携皇室亲属逃回北方,即现在的蒙古。梁漱溟的祖先则留在了河南汝阳,因汝阳地属大梁(开封),故改姓梁。至第19代,由河南迁往广西桂林居住。梁漱溟的曾祖父梁宝书,应乡试中举后,又进京会试中进士,历任直隶、正定等地知县和遵化知州,全家就此住在北京。

这是一个多方面荟萃交融的家庭,北京又是全国的政治文化中心,加上变动剧烈的时代,北京从环境上讲,没有偏僻固陋的缺陷,使得梁漱溟有很多的见闻,这提供了很多思考的机会。

父亲的影响:读书人的无用处

梁漱溟的父亲梁济是一个忠厚的人,遇事认真,不拘谨,追求不那么合乎社会流俗。有侠骨柔肠。梁济对梁漱溟成为现代孔夫子的影响大约是如下几个方面:

其一,影响最大的一点就是父亲"他最看重事功,而不重视学问"。在父亲的人格感召下,梁漱溟幼稚的心灵里隐然萌露出一种对社会、对国家的责任感,并鄙视那种世俗谋衣食利禄的"自了汉"生活。而这正是儒家式人生的一个精髓。

梁漱溟的父亲梁济
梁济(1858～1918年),字巨川,应顺天乡试中举人,起初在清王朝任内阁中书,后任内阁侍读

其二,"不干涉"的教育方式。"父亲对我的教育,与其说是教训,毋宁说是提醒和暗示。"梁漱溟八九岁的时候,积蓄了一小串铜钱,挂在身边玩,有一天丢了,就向家人吵闹。隔天父亲在院子前的桃树枝上捡到。父亲并没有斥责,也没有喊他来看,而是编成一个故事,写在纸上,说一小儿自己将钱挂在树上,却到处询问,吵闹不休,如此糊涂,真不应该。这种教育方式使得梁漱溟养成了独立思考的习惯,使他具有自学、自强、自进的品格,同时也造成了自以为是的性格,影响了他一生的命运。

其三,中西兼采的读书教育与日常生活经验的教育。梁漱溟的启蒙教育本身就是中西文化冲突的产物,从《三字经》到《地球韵言》,这一点使得梁漱溟的一生都围绕着中西文化这个主题来思考中国社会,思考自己的人生。

师友之交游

蔡元培故居

蔡元培故居位于绍兴市区萧山街笔飞弄13号,是一个具有浓厚绍兴特色的明清台门建筑,它也是我国目前唯一专门介绍蔡元培一生事迹的名人纪念馆。蔡元培(1868~1940年),浙江绍兴人,是中华民国首任教育总长,北京大学校长,其著述编为《蔡元培全集》。

蔡元培对梁漱溟可以说是有知遇之恩。但这里的所谓"知遇"不是私人的,而是建立在一种理想和理念的基础上的。蔡元培本来推崇新思潮,但他思想宽容、开放,主张兼容并包、学术自由。他听说哪里有人才,就会邀请,并亲自去考察是不是人才。他读了梁漱溟发表的佛学文章就邀请梁漱溟到北大当老师。在梁漱溟的心目中，蔡元培是一个有容的人，是率真的人。蔡元培是一个好的大学校长，因为他有气度。比如对待陈独秀。在梁漱溟心目中，陈独秀细行不检，在校内得罪不少人，校外也有人反对他。蔡元培则真爱他，真同情他，所以支持他。否则很难在北京大学待下去。

梁启超对梁漱溟的影响很大。在梁漱溟的心目中，梁启超为人富于热情，所以就免不了会欲望多。有的时候天真烂漫，有赤子之心，显得可爱，显得伟大。梁启超缺乏定力，不够沉着，导致一生有很多失败。概括起来说，梁启超一生的成就不在学术，不在事功，而在于他迎接新世纪，开出新潮流，震撼全国人心，达成历史上中国社会应有之一段转变。

成就梁漱溟的学术地位的，还有一个人就是胡适，两人的文化观正好构成了一个对立，自然彼此要进行论战。梁漱溟认为胡适这个人思想活泼，头脑活泼，很有长处，而气魄不足。气魄还是数陈独秀。胡适的头脑以浅明取胜。"哲学需要精深，精密而深奥，不精没有多大价值。"梁漱溟讲述了一段胡适和金岳霖之间的趣事。北京协和医院是美国资本家出钱办的，"董事开会，美国的主持者孟禄博士，中国的主持者有胡适，还有一位金岳霖。胡、金两人相遇，胡拿一篇文章，既有英文，也有中文，两种文字，拿给金岳霖看。这篇文章大意是说，哲学是一个没有成熟的，甚至是可以说不够好的科学（没有成熟的科学）。金点头说：'很好，很好。'胡很高兴。金又讲了一句，可惜你少说一句话，就是说，我是哲学的外行。胡适听了后，无话好说了"。

梁漱溟自己说，他自己有自己的一个小团伙，相从数十年不离的学生有武绍文、李渊庭（1906～1994年）、席朝杰（1906～1952年）、吕烈卿（1909～1987年）、黄艮庸（1906～1976年）等。追随一个

美国芝加哥大学历史系教授艾恺
艾恺,当代最活跃、最有影响力的汉学家之一,美国哈佛大学哲学博士,曾师从汉学家费正清、史华慈,在梁漱溟研究上堪称第一人。著有《最后的儒家——梁漱溟与中国现代化的两难》《南京十年的乡村建设》《世界范围内的反现代思潮》等

人有很多原因,但是如果排除了金钱、政治等因素以外,就是人格和学问了。人格和学问形成的魅力更持久,更深入人心,更符合人生的理想,更能促使人改变自己,超越自己。

活着的思想

十一届三中全会以后,海外开始出版梁漱溟的著作,并研究他的生平。如美国芝加哥大学历史系教授艾恺著有《中国的最后一位儒家——梁漱溟与中国现代化的两难》,日本的和崎博文翻译了《人心与人生》一书。

他一系列的活动,直接推动了国学复兴的热潮。在今天,如何认识自己的文化传统,如何以开放的心态对待先贤,尤其是儒家的圣人及其思想,不仅仅是一个民族认同的问题、一个国家发展道路和发展前途的问题,更是个人人生选择和人生道路需要认真思考和面对的问题。

小知识◎京剧

京剧于清光绪年间形成于北京,其前身为徽剧,通称皮簧戏,同治、光绪时期最为流行。梁漱溟的父亲梁济喜欢京剧,他时常讲京剧故事给孩子们听。

京剧脸谱
京剧角色的行当划分为生、旦、净、丑四大行。红脸代表忠勇,黑脸代表猛智,蓝脸和绿脸代表草莽英雄,黄脸和白脸代表凶诈,金脸和银脸代表神妖

◎健康长寿的秘诀和长寿的意义

"从父亲身上我看到了一点,即内心的稳定和丰富。这也可能是长寿的原因之一。他在具体问题前可能踌躇摇摆,但他有一贯向前追求答案的精神,甚至不怕否定自己。"

梁漱溟自幼很弱,又多病,但到了30岁以后,反倒变得坚实了。其中的秘诀是什么?梁漱溟自己说:"不过平生嗜欲最淡,一切无所好。同时,在生活习惯上,比较旁人多自知注意一点罢了。"

冯友兰说:"长寿的重要在于能多明白道理,尤其是哲学道理,若无生活经验,那是无法理解的。"冯友兰的女儿宗璞说冯友兰："其实他目力全坏，听力也很可怜。但他总处于一种怡悦之中。"

晚年的梁漱溟迎来了改革开放的春天，也迎来了自己人生的春天，他又重登讲坛，并被推举为中国文化书院院务委员会主席，曾几次到中国文化书院讲授《中国文化要义》等。

5. 时人对梁漱溟的评判

梁漱溟被认为是现代新儒家的开创者，中国文化的脊梁。也有人把梁漱溟说成是西化思潮的批判者，马克思主义的反对者。还有人把梁漱溟称呼为"新法相宗"的大师，或者是"新陆王派"。从个人来说，梁漱溟是一个有傲骨的人；从社会文化来说，他是一个有自己的主张和见解，有自己的操守和坚持的人。

"傲"

在中学，梁漱溟有几个好朋友，廖福申被称为"惰"，王毓芬被称为"懦"，姚万里被称为"暴"。白吉庵后来问过这个问题。"我问：对吗？他反问我，你以为？我无言以对。然后他自言自问地答道：是这样，我从小自视太高。"1953年6月18日他在政协会上曾说："我正待再说下去，会场内群众哄然而起，要求扯我下台，不容我再发言，我只得下台归座。却还好，我顿然清醒了，自知高狂傲慢不成样子。

心气平静,敬听几位斥责我的人发言。"

孔子说:"士志于道,而耻恶衣恶食者,未足与议也。"(《论语·里仁》)梁漱溟养成了一种正大之气和刚强之气。同时也流露出一种高傲的神情。加上时代背景的原因,梁漱溟的人格自然符合了孟子的人格追求。孟子更为强调士人对社会的责任感,强调见义勇为。正因为如此,郭齐勇老师把梁漱溟说成是现代的孟子。

最后的儒家

美国汉学家艾恺对梁漱溟有"最后的儒家"这样的定位。"最后,梁漱溟爽快地告诉我,他可以接受'最后的儒家'这个题目。"但"最

《最后的儒家——梁漱溟与中国现代化的两难》
美国芝加哥大学教授艾恺著。这是海内外第一部研究梁漱溟思想和社会活动的专著。作者考察了梁漱溟思想发展的轨迹、他受到的家庭影响和社会联系,讨论了乡村建设的主要内容,指出梁漱溟思想与世界性反现代思潮在客观上的联系,并做出了独特的评价

后的儒家"这个说法把儒家当成了博物馆中的事物。梁漱溟不会是最后的儒家,力求实践儒家基本精神的人每个时代都会有,不仅仅是学者会有,普通老百姓总会从自己的历史记忆的深层翻开过去的辉煌,重拾本民族的自信心和自豪感。

梁漱溟认为自己对孔子的了解比朱熹多,并说:"我算是陆王派。"不过他还是很谦虚的,他指出王阳明有他的彻悟,自己和他相比还不够,还差一些。的确,虽然古今圣人其心同,其理同,但生活在不同的环境中,每个人的性格又千差万别,成为一代圣人的方式不会是一样的。

现代新儒家

问题中人何以成为现代新儒家呢?关键就在于一个"新"字。在知行关系上、理想与现实的关系上、士人和庶民的关系上、学者和政治家的关系上、中西关系上,梁漱溟一方面继承了儒家的基本人格,同时又在新的时代对儒家人格进行了新的诠释。现代新儒家不同于宋明儒家,更不同于先秦儒家。梁漱溟成为现代新儒家,其"新"就在于如下几点:

其一,他的新儒学是充分参照了佛学和西方学说的,是儒学、印度哲学和西方学说的结合体。他对佛学有精到的理解,自己也身体力行吃素,他在北京大学期间讲授印度哲学。他小时候没有读过"四书五经",启蒙书是《地球韵言》之类的地理书,不过后来却变成了一个拥护儒家思想,赞扬孔子的人。他宣扬孔子的方式和孔子当年宣扬周公"制礼作乐"的方式很相似。

其二,在知行关系上,梁漱溟是儒家,更是新儒家。他在学问上

梁漱溟与长子梁培宽的合影,摄于1986年

1986年重阳节,梁漱溟(左)93岁生日时,与长子梁培宽在紫竹院公园大门口合影。梁培宽1925年生于北京,退休后从事梁漱溟文稿的编辑出版和研究工作

有贡献,自己却专心于问题。他的学问是新学问,他注重创新,他关心的问题是中西文化激荡下的"中国向何处去""人生怎么过"的问题,这也是新问题。他曾经提到自己在顺天中学堂读书的时候,说:"我的特点是总喜欢作翻案文章,不肯落俗套。"梁漱溟说自己不是一个为学问而学问的人,他是崇尚践履和实行的。

一个不求为学者的人,何以成了儒学大师?原因就在于他有一颗向上的心。他认为自己是"真的自学",而"真的自学"是由于有向上心。向上心让他在人生问题和中国问题上追求不已。为什么向上心能够成就学问呢?这就像登山,登到山顶自然一览众山小,看得更远,心境更宽阔。向上的心,等于自己的心灵在登山,自然能够看到问题所在,为了解决问题成就了学问,成就了行动家。梁漱溟说:"一分自求,一分真得;十分自求,十分真得。"学问经过自己求得来的,才会切实有用。梁漱溟中国文化的底子并不好,但他能够领会古书里面的好的、精髓的东西。他说他自己"创造性多过学习","在学的里边能创造很多"。

其三,在士人和庶民的关系方面,体现了儒家知识分子的基本社会责任。他"以一个非乡村人而来乡村工作",并且在乡村建设上把乡村建设运动看作是一种民众教育运动和社会教育运动,体现了儒家的一贯思路。梁漱溟更喜欢王心斋。他是社会下层的人,下层的人读书不多,"可是他生命、生活能够自己体会,这个就行了。这个就合于儒家了,所以我喜欢王心斋"。

其四,在学者和政治家的关系上,他具有儒家知识分子强烈的政治关怀。他身兼学者和政治家的双重身份,秉持儒家知识分子的一贯行事风格,担当起教化的责任,对"政"进行监督和批评。他在艰苦的时代背景下,依然强调要限制王权。"第二次是1970年讨论'宪法草案'时,梁漱溟提出宪法从产生之日开始就是为了限制王权。"

其五,在理想与现实的关系上,他符合一个儒家的基本状态。梁漱溟抱持儒家理想主义的信念,但常常遇到现实的挫折,然而梁漱溟却越挫越奋。直到生命的最后他给这个执着奋斗的世界留下了一句平淡无奇的话:"我太疲倦了,我要休息。"当历史的烟云散去,在澄澈、明亮的天空下,我们重拾历史的珠玉,梁漱溟这个名字和他的思想依然熠熠生辉。

小知识◎现代新儒家

　　现代新儒学思潮的起因是对"五四"时期"批孔"思潮的反弹,既有国内背景,也有国际背景;儒学作为中华民族文化的基因,是催生现代新儒学思潮的内在原因;现代新儒学思潮的发展历程分为"五四"时期的草创、20世纪30～40年代的理论建构阶段、20世纪50年代以后内地的"批孔"和港台新儒学活跃、从70年代开始的学风转折等4个

牟宗三

牟宗三(1909～1995年),字离中,山东栖霞人,现代新儒家代表人物。《圆善论》(1985年8月)等是表示牟宗三思想体系完成的著作

唐君毅

唐君毅（1909～1978年），四川宜宾县人。1964年发表《花果飘零与灵根自植》一文。《生命存在与心灵境界》是唐君毅一生学术生命之绝唱

徐复观

徐复观（1903～1982年），湖北浠水县人，1946年以陆军少将身份自愿退役，办《学原》杂志，进入学术圈。主要学术著作有《学术与政治之间》《中国艺术精神》等

阶段。现代新儒学的主要代表人物有梁漱溟、熊十力、冯友兰、贺麟、牟宗三、唐君毅、徐复观等。

二 熊十力

——现代醇儒

1. 生平
——熊大胆

有一次,谣传熊家堰回龙庙夜间闹鬼,同乡熊岳如和李圣贞想试验一下熊十力的胆量,就跟他说白天他们把五串铜钱放在庙中无圣菩萨神龛前面了,让他半夜去拿回来。熊十力一点都不害怕,半夜摸到庙中,取回铜钱,还顺手扭断泥菩萨的一只手带了回来。在从军、教学、为学等方面,熊十力都表现出了过人的胆识。

大胆的童年

一个人胆子大,往往有两种情况:一种情况是所处的环境好,自然胆子大,恰到好处则显得刚毅、果敢,过头了则放肆;另一种情况是身处逆境,纯任自然,不受环境所限,过头了则野,有自己的理想和追求则恰到好处,是文。熊十力或许就是后者。在孔子看来,如果"质"胜过了"文"就是野,如果"文质彬彬",然后才是君子。幼年的熊十力显然是偏向于"野"这一面的。一个"野"人,最终却成了文人,实现了文质的统一，成就了儒家的理想人格。

熊十力（1884～1968年）胆子大，这从名字上能看出来。他1884年生于湖北省黄冈上巴河张家湾。名继智，又名定中，字子真（子贞）。中年后改名十力。"十力"是说如来有智慧知道人的想法、做的事情会导致什么样的结果，受到什么报应；如来可以在各种环境中保持安定和干净；如来可以了解生命的等级；如来可以摆脱人生一切不好的方面的影响，做到没有漏洞。

在十来岁的时候，熊十力的父亲患肺病了。家里缺衣少食，熊十力只能给人家放牛。父亲经常叹气，觉得熊十力眼神特异，为不能教熊十力读书而感到忧心。不久，父亲就病逝了。熊十力在父亲面前立下誓言："儿无论如何，当敬承大人志事，不敢废学。"

年少的熊十力喜欢简脱，不习礼仪，有些野，不太符合儒家文质统一的要求。但后来受到父亲昔日弟子的教训，就开始改变了。

戎马生涯

胆大的人是天生的革命家。熊十力幼年随父读经史，当他读了王船山、顾亭林的书以后，就萌发了革命的志向。

1902年，深受王夫之、吕留良等明末清初启蒙思想家的著作影响的熊十力投武昌新军第三十一标（凯子营）当兵。而后曾写短文痛斥鄂军统制张彪，加入日知会，积极策动兵变，撰写讨袁檄文，随湖南民军参加桂军抗击皖系军阀的战斗。他自叙自己当时是为了民族、民权而忘身，而受到自由精神的感召，体现了楚人抵抗强暴的性格特征。

志为"求己之学"

23岁时,熊十力决意向学。当年轻人的热情消退之后,熊十力发现自己的生命价值和使命并不是政治革命,自己的真实志向是学问,生命的真正的价值是把握真我,以往的革命不过是随流俗浮沉罢了,他发誓绝世缘,为"求己之学"。另外,他自觉自己不是事功的材料,不足以当领导,而自己脾气倔强,又不愿意随人转。不过,这也是他正视革命现实的必然结果。他看到的革命的现实是党人竞争权利,群众昏聩无知,"深觉吾党人绝无在身心上作功夫者"。这促使他要把精力放在学术上,给人提供正确的见解。

北大执教

做学问要从哪里入手呢?熊十力从1916年以来积累的读书札记中选出25则,编成《熊子贞心书》,自印行世。没有想到的是,这本书得到了北京大学校长蔡元培先生的赏识。1922年入北京大学执教。抗战期间,在四川的"复性书院""勉仁书院"讲学。抗战胜利后,返回北京大学任教。

1946年,熊十力在四川

熊十力(留胡须者)避难于四川,曾讲学于马一浮主办的乐山复性书院、梁漱溟主办的北碚勉仁书院

1948年，他应浙江大学之邀前往讲学，后任中国人民政治协商会议特邀代表，第二、三、四届全国政协委员。

他是一个特殊的教书匠。说其特殊是有根据的：

其一，他不喜欢学校教学的固定形式，他不遵守上课时间，经常一讲就是三四个小时，还让学生到家里上课，还说师生像蚂蚁一样聚在一起，有什么益处呢？

其二，一般人当老师就是为了教别人，为了求生，为了出名，他却说自己是为了读书。所以他上课很少，还经常不跟家里人住在一块儿，常常住在友人家里，甚至和学生住在一起。他教导学生专心治学，为了治学甚至可以抛弃一切，并且做学问就要做一流的学者。

北大执教生涯造就了一代宗师，也培养了很多有才华的学生。

衰年心事如雪窖

1954年他移居上海，1956年由北京大学退休。1956年，熊十力以特邀代表身份出席全国政治协商会议，并当选为第二届全国政协委员，以后又连任第三、四届政协委员。虽然晚年也有令他感到喜悦的事情，但由于他对中国传统文化的深刻感情，加上他本来就是一个"大胆"的人，是一个敢于说真话、说实话的政协委员，这也给他带来了不少困境。他的意见往往被认为是"书生之见"，被搁置一旁。

对于熊十力来说，最让他担心的是中国文化。1949年8月27日，他在《致柯树平》中说："吾年亦可死，然念斯文一线，天与我以一隙之明，有得先圣贤之意。许多著作未起草，已成者亦多未印、未行。又今虽老衰当乱世，不能为系统之作，而以语录或杂文式出之，尚可为民族精神存一脉，此不忍即死之故也。"

1950年，一向不怎么过问政治的熊十力竟写出一篇评论明代改革家张居正的文章，题目是《与友人论张江陵》。明万历元年（1573年），任明廷首辅的张居正下命实行变法。熊十力对张居正因为讨厌宋明理学家空疏的学风而禁止讲学和毁坏书院的做法颇不以为然。他从中总结认为，学术思想政府可以提倡一种主流，但不能遏制学术界的自由研究和独立创造的学风，政治社会制度的日新依赖学术创造的推动。在《论六经》中，他提出设立中国哲学研究所，恢复内学院和勉仁学院等建议。

1955年，他在给《致刘述周》的信中说："中国本有五千年之文化，固有哲学思想不容断绝。"1957年6月9日，他在《致刘述周》的信中还建议："关于旧学，我望大学哲学系要立孔子的专课。"

更为严重的是，1966年以来，他多次遭到批斗，家也多次被抄，多年积累起来的存稿荡然无存。他找不到说话的地方，只有将自己的抗议写在小纸条上，写在裤子上，发泄自己的不满。有时候，嘴里不停地念叨："中国文化亡了！中国文化亡了！"

他晚年的状态正如他自己写的那样："衰年心事如雪窖，姜斋千载是同参。"姜斋是王夫之的号。晚年他在自己的书房中挂上了3个条幅，中间写着"孔子"，左边写着"王阳明"，右边写着"王夫之"。

他在一首诗中表达了自己的遗憾和失落："万物皆舍故，吾生何久住。志业半不就，天地留亏虚。亏虚复何为，岂不待后人。后顾亦茫茫，嗟尔独自伤。待之以无待，悠悠任天常。噫予犹御风，伊芒我亦芒。"

小知识◎圣贤书可以治"病"

圣贤书能治病,可以治疗精神上的、心灵上的病,也可以治疗身体上的病。熊十力在25岁到40岁左右时,患神经衰弱,性情暴躁不安。他根据圣贤书用强制之力克制欲望,用圣哲的思想自警才使得精神不坠退。他自述自己不是没有嗜欲的人,但是他能用追索学问的方式制服欲念。"而又向所学去找问题,于是而欲念渐伏。"

2. 时代思潮
——中国向何处去

中国向何处去是近现代中国的主题,这一问题在鸦片战争前后,在辛亥革命前后,在抗日战争胜利前后,在"文化大革命"时期,在改革开放初期尤其明显。站在时代前列的知识分子,对这一问题感受尤深,反应也最为激烈。

辛亥革命

现代新儒家几个大家,如梁漱溟、熊十力几乎都出生在晚清,历经辛亥革命、抗日战争,直到中华人民共和国成立。不过由于熊十力经过辛亥革命的热情消退以后专心于学术,故而省略了抗日战争对其一生的影响。

1900年,年仅16岁的熊十力便与何自新、王汉到武汉闹革命。1906年日知会在武昌正式成立,同年熊十力加入了这个革命团体。在1906年的2月到5月间,熊十力组织了"黄冈军学界讲习社",这是

武昌起义军政府旧址

武昌起义军政府旧址,又称红楼,原是清代湖北省咨议局局址,武昌起义爆发次日,在此宣布成立以黎元洪为都督的湖北军政府,废除清朝帝制,建立中华民国

同盟会湖北分会和日知会在湖北活动的一个重要依托。熊十力担任主讲,主要讲解孟子、黄宗羲等,阐发民族民权思想,起到了沟通学界和军界的作用,对于武昌起义的爆发起到了很大的作用。

清朝为了自身的生死存亡,虽然也做一些改革努力,比如发展洋务等,力图在不危害自身政权的结构和安稳的前提下,发展科学技术和适当发展现代工商业以及现代军事。"中体西用",也就是以中国传统的"三纲五常"为体,以西方的科学技术和工业化为用的发展道路已经走到了死胡同。政治的腐朽限制了所谓的洋务的发展,现代军事的发展并没有真正地增强国力,国家和民族陷入了深刻的危机之中,革命的暗流涌动,已经到了对政治进行彻底变革的时候了。

辛亥革命显示了人民一种新的人生道路和民族道路的追求。根据熊十力的《辛亥札记》来看，这一条道路就是民族独立、维护民权和发展民生的道路，政治领导"用天下之智以为智"，"用天下之力以为力"；政治领导带领民众抵抗强暴，恢复民族自由和政治清明。尽管这一追求只是部分地实现了，但它提供了一个更为深刻的思考中国向何处去和人生向何处去的机会。熊十力看到革命党人和群众依然缺乏必要的思想启蒙，看到人们争名夺利，看到革命破坏有余而建设不足等，从而改变了自己的人生道路。

"文化大革命"

中华人民共和国成立后，中国开始了社会主义建设的道路，并逐步开始了中国特色社会主义的建设道路的探索。在开始执行第三个五年计划的时候，中共中央于1966年5月召开了政治局扩大会议，并于同年8月召开了八届十一中全会，"文化大革命"开始了，一直持续到1976年10月才结束。

"文化大革命"的出发点是防止资本主义复辟、维护党的纯洁性和寻求中国自己的建设社会主义的道路。在这条道路中，很多事物都被冠以资本主义或者封建主义的属性加以批判，包括传统的儒家文化，包括研究儒家文化的部分学者，包括科学技术和部分科技工作者。在这条道路中，革命和阶级斗争占据了核心，生产的地位和生产的自然规律被忽视。在这条道路中，独立思考的地位荡然无存。在这条道路中，人与人之间的私人交往关系被严重地忽视，人与人的关系被严重地扭曲。"文化大革命"对大陆新儒家的身心造成了严重的摧残，也考验着他们的文化和人格操守。

梁漱溟和冯友兰都通过自己不同方式的坚持迎来了文化的春天，

并迎来了自己新的学术生命的延续。在缺乏欣赏的氛围中,老人熊十力仍然凌晨一二点起床,撰写不停。万承厚在《记父亲熊十力》中说:"承厚,你们不读我之书,我之学术思想意识,等我百年后,自有人来研究,后继有人,你将可看见。我要写,我不能停。"熊十力凋零在冰冷的社会氛围之中,在悲观、失望的心情中离开人世,不过他的思想在港台、在海外获得了新的发展,获得了延续。随着改革开放春天的到来,熊十力的哲学思想获得了国内学术界的认可。

3. 学术造诣
——体用不二论圣学

如何理解花啊、鸟啊、宇宙这些事物？东西方人理解的方式并不一样。比如西方人但尼生（Tennyson）说："墙上的花，我把你从裂缝中拔下；握在掌中，拿到此处，连根带花，小小的花，如果我能了解你是什么，一切一切，连根带花，我就能够知道神是什么，人是什么。"在这里，是把花拔下来，用分析或者解剖的方法研究花，然后类推出人是什么。东方人芭蕉（1644～1694年）则说："当我细细看，啊，一棵荠花，开在篱墙边。"中国古人则仅仅是看着花，力求物我合一，从自己这里了解宇宙。如宋代的邵雍说："宇宙在乎手，万物在乎身。绵绵而若存，用之岂有勤。"（《宇宙吟》）

感慨人心向外，倡"反求诸己"的圣学

中国儒家文化一个很重要的传统就是让人关注自己的内心，关注自己的内在，不让对外部的关注影响自己内心的安宁。历史上绝大多

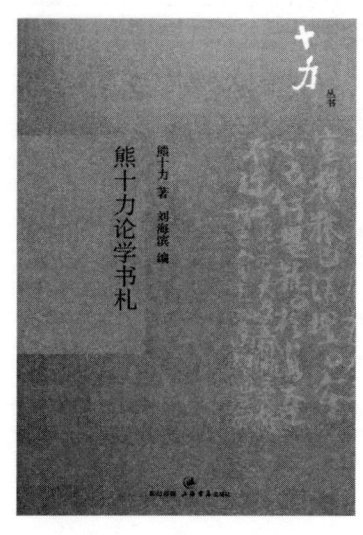

《熊十力论学书札》
上海书店出版社 2009 年版。其中包括世道人心，如工夫践履、人伦物事，乃至时事政局等内容

数的儒家大师都是因为强调内求，感慨人心向外导致世道人心变坏而成为儒家大师的。熊十力也是如此，他感慨道："今人只知向外，看得一切不是，却不肯反求自家不是处，此世乱所以无已也。先圣贤之学，广大悉备，而一点血脉，只是'反求诸己'四字。圣学被人蔑弃已久，此点血脉早已断绝。"

人心向外不仅仅表现为人追求名利，追求金钱，追求声望，被外在的事务所左右。其中的关键是人不能控制自己的感官，不能管住自己的眼睛，不能管住自己的耳朵，不能管住自己的嘴巴，不能管住自己的脚。"跟着感觉走"并不是回到内心，回到内心是要超过感官的限制。什么叫作"心"呢？熊十力指出，心要超越感官的限制。"只有明睿作用，专一内敛，这才是心，否即无心。内敛者，谓不随耳目官能迷乱奔流故。"

熊十力认为哲学作为为己之学，就是内圣学。他认为圣学是返己之学，返己就能够知是知非，并能够了解万物万事。他说："尽性至命，正是圣学之所以为圣学处。若只说到穷理而止，则圣学与中外古今哲学家者，亦无甚区别。西洋哲学家谈本体者，只是驰逞知见，弄成一套理论，甚至以其理论即是真理，而真理被他毁弃。须知，哲学不当以真理为身外物，而但求了解。正须透悟真理非身外物，而努力实现之。圣学归本尽性至命，所是圣学与世间哲学根本区别处。"

反思"满脑子物质的科学"的人生

在当时崇尚科学的氛围中，熊十力对科学本身有自己的见解和看法。科学的确给人类带来了很多的利益和好处，但是不能因此否定对人生更多问题的思考。"中年及青年人稍染洋风者，便是满脑子物质的科学的，他又只逐求舒服的过分的享受之欲，其如之何？"

用科学的方法研究一棵树木，也许会把那棵树割下来，然后送到实验室里面进行解剖、分解、化验，最后得到树木的本质认识。然后我们把这个认识结果当成树木生命的真理用于活树身上。其结果当然有有效的一面，但问题是：杀掉一棵树之后得到的生命本质的认识是死树的，而活着的树木和死的树木之间是有着生死的本质区别的。按照中国古代人的看法，活着的人是有七经八脉的，有阴阳五行之气，而死掉的人没有。在死掉的人那里，没有气，没有火，按照佛教的说法是四大解体了。用这样的思想来看，解剖死掉的人的身体得不到活着的人的那个"活"的本质。熊十力认为科学不能证会本体，不能通内外、物我。科学以符号推理，只能图摹宇宙的表层，不能融宇宙人生为一，于人生中体会宇宙的底蕴。

针砭"看不起东方学问"

熊十力曾经说:"我对教书事十分讨厌,上堂最无味,对牛弹琴,如何高得起兴来。如戏子勉强唱戏一样,这事在我真作得苦。有混雪白洋圆者,方无此苦耳。今日学生稍有一点小聪明,便心中无形的看不起东方学问,看不起未吃洋水的人。又未吃洋水者中,又看不起未出风头的人。你苦心想救他,他视你如怪物,如何敢救!"

熊十力是要为东方学问说话的,那么东方学问的精髓在哪里呢?熊十力认为就在于体用不二。熊十力完成了以本体论为核心的、以体用不二为根本原则的系统的中国哲学的现代建构。

《体用论》

《体用论》中的《明变》《成物》和《明心》三章,熊十力在原《新唯识论》的基础上进行了重新创作

西方近代以来的一个很典型的观念就是把人看成是机器。而中国传统文化的看法是把人和物都看成是活着的生命。机器是由零部件构成的,可以拆开和重新组装。拆开和重新组装从思维方法来看就是分析和综合。熊十力认为西方人不懂得啥叫本体,因为用的就是类似于拆开和重新组装的分析和综合法来认识本体。西方人喜欢用因果这个概念。比如机器为什么会动?要找个原因,可以找到是发动机带动的,但发动机是谁弄出来的呢?显然是人,人就成了一个原因。但人又是谁制造出来的呢?还是要找

下去，这样自下而上推去，重重因果，推至无可推，始建立第一因，越找越远，本体就成了离开人、离开人心的东西了。越找越找不到。

体用不二论

在熊十力看来，中国文化就很好，因为从用中找本体，从人心中找本体。作用是什么呢？就是我们看到的具体东西，比如人、鸟、树木、电脑等这些东西。

这些东西为什么起个名字叫"用"呢？他是这样解释"用"的："用，亦曰作用。作用者，动发义。亦曰功用。功者，力能义。动发者，谓其变动而无所留滞（无留滞，即没有东西存在）。发生而不可穷竭也。……动发的本身只是力能。"

熊十力认为桌子、人、鸟、思想等精神现象实际上只是功用。譬如写字的笔，不要当它是一件东西，实际上只是一团功用，把它唤作笔罢了。如果你不把它当作笔来用，它就不是笔。

功用是可以变化的，就像笔，可以当礼物，这个时候它是礼物。所以"用"总体叫"行"。"行"有两个涵义：其一是"迁流义"，一是"相状义"。迁流是说它是不断变化的，在变化过程中暂时有个样子叫作"相状"。比如粉笔，等你用完了，也就没有这个功用了，这个时候也就没有粉笔的样子了。

本体是什么呢？桌子、人、鸟、思想等可以说本身就是本体，不过一般人没有认识到它们是本体，所以还要有个本体论说明它们是本体。他喜欢用大海水和大海中的一滴水的关系来说明。大海水可以说是本体，本体是说本来就有。实体是说真实的意思。大全是说全体的意思。大海水是本来就有的，是真实的，是整体。所以用这个比喻本体很好。一滴水就是"用"。一滴水也是大海水，相比于大海水本质上没有什么不同，是圆满的，是无亏欠的，每一滴海水个个都是大全的。大海水和一滴海水之间的关系很容易被理解成部分加起来成为整体的关系。他指出，全体绝不是各部分相加之和。体与用是一个过程的两个方面，"即体而言，用在体；即用而言，体在用"。

翕与辟：事物的沉坠和提升

如何理解领会本体呢？在熊十力看来，不能领会本体，就很难成圣成贤了。领会本体不难，因为本体就是功用，可以通过功用领会本体。

熊十力使用了恒转、翕辟等概念来说明本体。在熊十力看来，具体事物是两种相反的力量形成的。一个就是翕，翕就是合，就是聚在一起的趋势；辟就是施与的力量，就是勇往直前的力量，就是刚健有为的趋势。这就像是一个向前跑，一个向后拽，两种力量的作用就形成了具体的事物。就像我们揉面，捏聚在一起就成了小面团，发起来就成了大的面团，发起来的力量是辟，聚在一起的力量就是翕。任何一个事物都可以看成是这两种力量作用的结果。所以物体本身从本体来看其实是物行，是大化流行。

比如我们人生，我们勇往直前，这是辟。但当我们一直勇往直前，没有遇到任何阻力的时候，我们感觉不到勇往直前的力量。当我们遇到麻烦的时候，就发现了。一个人沉沦的时候，往往会感到有良心发现，这个恰好就是辟的力量。在翕可能导致下坠的时候，就有一个提升的力量发生。从方向来看，"辟具有向上性"。但不能说翕是向下，"当知翕只是捏聚的势用，而不定向下。但从翕势的迹象言（迹象者，言其成为物也），颇似向下，物则有沉坠之势故。然翕毕竟从辟，即与辟俱向上。非可妄计翕辟恒以一上一下相反对也。本体流行,方成乎翕,已有辟在。所以者何。翕将成物,似趋于下坠,可谓之反。然本体毕竟不改易其自性,故翕势方成,已有辟势俱起"。

所以成圣成贤的关键就是让辟的力量保持本体的恒常性。在熊十力看来,人的一切纯粹的真善美的行为都是性体的显露。所以人生的关键就是让性体显露出来。如何才能做到这一点呢?

快活人生要扫相、净习

看到别人在某个方面比自己强,心中就会不愉快,这就是有"你相"和"我相"。所以,保证人生快活的一个条件就是要扫相。譬如有一条麻织的绳子,要认识这条绳子的本相,只有把它不作绳子来看。要空了绳子的相,才好直接地见它只是一条麻。在熊十力看来,人们之所以执着眼前的东西为真实的东西,是由于人们在日常生活方面使用事物,这就养成了一种习惯,形成了一种把外在事物看成是实际存在的思维,这就是所谓的"应用无不计"。

扫相的应用很广泛,比如在看人的时候要扫相。"望人过者,其失望愈多;失望愈多,则内将无以自堪而外将轻人以致乎绝人,斯人已皆病矣。"对人期望太高,本身就是执着人相,结果就会陷入两种相反的情绪。比如,在对待他人的看法,书本上的知识等也要扫相。"凡人心思若为世俗肤浅知识及肤滥论调所笼罩,其思路必无从启发,眼光必无由高尚,胸襟必无得开拓,生活必无有根据,气魄必不得宏壮,人格必不得扩大。"他强调:"为人之道,志必欲高,而脚必欲低,两者不可任失其一。志欲高者,不昵于世间荣华,而常存乎远大,不为物引,不为境移,超然万物之表。脚欲低者,审才智之所堪,得自处之善道，尽性安分，循实，唯有超然之志，故无出位之思焉。"

另外，想要快乐还要认识并克服习气的干扰。"感情所以易动者，习气鼓于中故也。多一分习气，便减一分力量。"在熊十力看来，人能思考，眼睛能看，并不是大脑本身和眼睛本身的功能，实际上是本性的功能，是性智的发用，只不过通过大脑和感官这些工具才能表现出来，官能得假之以自用，然后人们往往忽略了本性，官能可假性智作用以成为官能之作用。眼睛等感官的功能和大脑等的分析思考功能还有一个十分重要的特点就是向外看。如果使用得不恰当，就会迷以逐物，而妄见有外，由此成习。在熊十力看来，量智最大的特征就是能够区分事物，比如区分出这是你的，那是我的。区分和向外追逐导致忘记了本体。从而把感官的功能当成是自己的功能，把外在的世界当成是真实的世界。量智恒妄计有外在世界，攀援构画，常与真的自己分离，并常障蔽了真的自己，唯不易得真解放。人的"用"还表现为从自身的利害上打算，这个被熊十力叫作染习。人生就是要化染习为净习，进而和本体合一。

性智证体成就真我本性

仅仅有扫相功夫还不够，还要性智内证才能认识本体。性智内证就是禅宗所说的自己认识自己，就是孔子所说的"默识"。性智证体首先要识自本心，大明洞彻，然后不要我忘记这个光明的本心。性智内证时要求精神内敛，不去想外部的东西，不依据书本的知识去思考问题，不依靠眼睛等看到的东西来思考问题。这样就可以达到与天道合一，即人即天，体用合一。

这种功夫也是一种操存的功夫。所谓操存就是要常常记得自己本心是光明的，是不懈怠的，是昭昭明明的。熊十力强调推扩的方法，认为只要让自己的每个念头顺从自己内心的光明本性，而推扩去，私欲或习心就会不起。推扩功夫，是立大本之道。推扩功夫，正是良知实现，私欲、习心就没有地方潜伏了。就像太阳常出，魍魉全消，一切人生不好的方面就没有藏身的地方了。

这种方法也可以说是实证的方法，不过是本心的自知自识，是本心自己知道自己。有了这种实证，人就会获得一种内在的快乐。"人之所以自尊自乐者，唯其在己有实得于心者而已。"

内圣：人生的悲情

或许，当今的人们会感慨，这是一个圣人的理想已经离我们远去的时代，如果谁还在这个时代中依然坚守圣人的追求，就是幻想和愚蠢。这个时代流行的追求是让自己成为一个合格的或者说价格较好的商品，成为一个有才华的人，可以让自己卖一个好价钱，从而让自己的人生活得精彩。熊十力生活在这个商品意识刚刚萌动的中国，依然坚守圣人的理想。

圣人最典型的特征是什么呢？就是对人、对物有着一种深刻的恻隐和悲情。这一点熊十力体会很深。今天的人不是无情，情可谓滥矣，今人之情之偏颇是伪情，没有真情，是欲而不是情。这种情可以说是凡情。凡情拘泥于人生琐事，情感浮在表面，不稳定，变化快，喜新厌旧，悲喜不定。悲情则稳定，对人对物有真情实感。他说："真正人生之感，不是凡夫所有。其感是悲情，不是凡情。"

成为君子和圣人是儒家提出的人生理想，尽管孔子和孟子等人提

陕西法门寺

陕西法门寺建于北魏，兴盛于隋唐，有"皇家寺庙"的赞誉，因释迦牟尼佛指骨舍利安置于此，从而使法门寺成为闻名于世的佛教圣地。佛教之所以千载留存且影响重大，正因其宣扬的即是慈悲之怀和平等精神

出的圣人有细微的差别。在孟子的心目中,圣人有两点是很重要的:一个就是要充分认识自己的善良本性,不丢失自己的善良本性,不因为其他的原因不按照善良本性的愿望行事;另外一个就是在人伦关系中做好人伦的事情。而孟子所说的善性主要是四个心:恻隐之心、羞恶之心、辞让之心、是非之心。

唐僧是一个有慈悲心的人,他看见孙悟空好端端地把老奶奶打死了这怎么可以,显然他有恻隐之心才会这么想。但是如果没有是非之心,唐僧取不成经了,早就被妖精欺骗了。让他们两个人单独去取经行吗?显然不行,如果天下人都像孙悟空,恐怕这个世界就完了。见到一个美女,一个美男,你看他是妖怪,你还能和他谈恋爱吗?显然不行,有的时候需要"难得糊涂"一下,像唐僧那样。但没有孙悟空也不行。孙悟空有一个特征,就是火眼金睛。火眼金睛是什么意思呢?就是能够看出一般人看不出来的是非。从常人的眼睛看到的是美女,在孙悟空眼睛里面看到的可能是个妖精,是白骨精。对于人生的骗局,需要用是非之心看穿它,就像我们要有孙悟空的火眼金睛,什么妖魔鬼怪,什么魍魉幻形,都不能欺骗它。熊十力特别强调恻隐之心,他认为这个就是人的真性,就是真情。有了这个悲情,人就会勇敢地面对这个世界的不幸和挫折。慈悲的精神同时就是平等的精神。

深味"等级"苦,呼唤新内圣新外王

由于时代的原因,孟子所讲的做臣子的就要尽臣道,做君主的就要尽君道受制于旧社会的现实,缺少自由、平等的内涵。熊十力的内圣学的基本精神是自由、独立和平等。如他认为,独立就是无所依赖的意思。由于自己已经把握自己的本体本性,所以才能无所依赖,而昂然独立。

关于自由,熊十力认为自由就是顺着人和万物的天性去发展。自由是让自己的本体本性在人生中表现出来,由于能够按照天性去发展,所以自由的人生活充实。人追求私利,表面上看是为了自由,其实质是生活欠充实,才落到小己的利害上作计较,这是由于不自由才显现出来的。

关于平等,熊十力也是从本体之德的角度来看的。因为人类天性本无差别,所以说一切众生皆得成佛,当仁不让于师,人皆可以为尧舜。这是平等的含义。

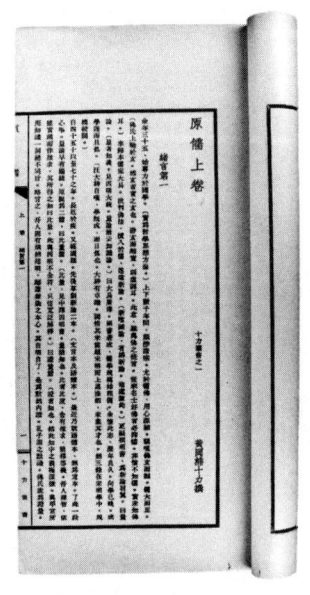

《原儒》
熊十力论述儒家思想的代表作,全书分上卷《原学统》《原外王》篇,下卷《原内圣》篇

他认为外王骨髓在内圣,不解内圣,休谈外王。他指出,这里的"王"不是"帝王"的王,王者,就是内圣的自然的成就。他认为孔子外王学的基本纲领就是贬天子、退诸侯、讨大夫。外王学要求公天下,不容许有少数人宰割多数人的统治阶级的存在。在这样的社会里,人人自由、独立、平等,人人以礼乐养内修外,礼乐成为维系良好社会秩序的重要力量。在这样的社会里,人人利用安身,即用即体,与天地合明、合德,获得人道的尊严。外王学要求废除私有制,建立天下一家的新制。在这样的制度下,人人可以表现自己的道德智慧,互相联合协作。其可能并变成现实的条件就在于人人与天地日月合德,超越于小己利害之外。内圣就是要达到天体万物一体,外王就是天下为公,

释迦牟尼佛指舍利
释迦牟尼佛指舍利藏于陕西法门寺,是释迦牟尼入灭后遗世的一节指骨,1987年5月4日(农历四月初八佛诞日)被发现,藏于地宫后室的八重宝函之内

人代天工,发展和利用科学技术为人类谋福利。熊十力站在现代的立场阐释中国的内圣外王学,包含着自由、民主、独立、平等、科学的精神。但这种精神又被作了本体论的阐释,具有十分重要的理论和实践意义。

评点往圣先贤

呵佛骂祖

在中国历史上,学术之争往往在正学和伪学的名词下进行,或者在内道和外道的名词下进行。熊十力自己是欣赏佛学的。他很喜欢"上下天地,唯我独尊"这样的句子。但是这里面也有一个问题,"唯我独尊"是就释迦牟尼一个人说的,还是就很多人或者所有人说的呢?如果只有释迦牟尼可以说这样的话,其他人自认为"唯我独尊"就成了自大和自傲,就成了背叛师门的外道。

另外,"我"也要辨析,这里的"我"是就自性说的,是就佛性说的,因为"诸法无我",要经过无我的修证以后,超越了"我执"才能说"唯我独尊",否则就是"我执"了。"我执"这个词也很复杂,简单点说,凡是你无法和别人配合的时候,导致你不能和被人配合的那个习惯和想法、个性中就隐藏着"我执"。

1919 年,熊十力认识了梁漱溟,受其影响入南京支那内学院,投师欧阳竟无大师门下,学习佛学,整整读了 3 年佛教经卷。他在读佛经的时候感到身轻如游仙,心情开阔,获得了一些开悟的体验。由此他确立了"反己自求"的观念,同时坚信人是有"自性"的,自性的觉悟是人生的依靠和追求的目的。

不过,他还是受儒学的观念影响太深,用儒学的思想、概念和语言来理解佛教的唯识宗。另外,总体上看,他不是站在信仰的角度来理解佛教教义的,而是有研究的倾向,这些使得他认为佛教对本性的看法还是突出了"灭"字,不像儒家那样突出"生"字,佛教过于讲出世和超越了。他的一些看法,在佛学界看来,无异于是"呵佛骂祖",背叛师门,是外道的行为。一些著名的佛学家如欧阳竟无、刘衡如、印顺、巨赞等纷纷撰文表示抗议。

独断诸子

熊十力认为道家是从《易经》中出来的,所以可以说道家出于儒家。如果这个能成立的话,其他的墨家、法家、名家、农家就更不是问题了。

他把这些思想派别都看成是儒家的羽翼，在某些方面发展了儒学。当然他并不是要否定诸子，而是肯定诸子在发展儒学方面的价值。

框住程朱

他对儒家的一些人物也不客气地进行了评价。他认为50岁以后孔子创造了"大同学"，但是，后来的弟子没有很好地发展六经学说构成的大同学，只是发展了早年的"小康学"，包括孟子。到了两汉，汉学表面上尊崇孔子，实际上使其性质发生了根本的变化，是用孔子的学说来维护帝王制度。程颐、朱熹等宋理学家也没有能够复兴孔子的大道学，还属于小康学的范围，他们没能够摆脱佛学的影响，没能够处理好体用关系，没有处理好天理和人欲的关系。

墨子砚

墨子砚由书法家启功先生亲笔题名，艺术家石可、石盾设计、监制，已被上海吉尼斯总部认定为世界之最。墨子，名翟，战国时鲁人，是墨家学派的创始人，主张兼爱非攻、尚同尚贤等思想

二程故居

二程（指程颢、程颐）祠堂位于河南嵩县田湖镇程村，初建于1103年。清康熙御书"学达性天"匾额，慈禧太后书写"希踪颜孟"，光绪皇帝手书"伊洛源渊"

小知识◎《新唯识论》

《新唯识论》第一稿撰写于熊十力学佛期间,此后,1923年、1926年至1928年已经有4稿写出,经过1930年直到1932年,才形成文言文本的定本;又经过12年的磨砺,到1944年方形成语体文本的定本。1944年,就在其《新唯识论》语体文本问世的当年,中国哲学学会授予其最高奖项:一等奖。从学理的角度看,《新唯识论》无疑是20世纪最富有创造性的哲学著作之一。

4. 人生的善知识

中国古人强调"人和",孟子认为"人和"比"天时""地利"还重要。"得道者多助,失道者寡助。寡助之至,亲戚畔之;多助之至,天下顺之。"(《孟子·公孙丑下》)人生在世,需要有家人、同学、朋友等的帮助,家人、同学、朋友等都是人生的善知识,是人完善自我的助力。

耕读之家

据熊十力自己介绍,他的曾祖熊光东,先父熊其相,曾祖母华太夫人。熊家几世单丁,曾祖母在房子旁边辟一个小园子,种植豆类、瓜类及蔬菜。曾祖母勤于纺织,可供油盐等杂用。曾祖母力主熊十力的父亲去乡校读书。熊十力听父亲说:"曾祖母虽未读书,而其毕生近取诸身与远取诸物者,随时随处常读活书。其九十余岁行事,皆从读活书中得来。"曾祖母见解超过一般人,往往能够从郡县大局着想,曾经平息了当地的匪患,曾经帮助乞讨的妇人解决了家庭的纠纷。华太夫人德量也有过人之处,她常怀恻隐之心。一般人是事不关己,高高挂起,华太夫人则不是如此,不怕劳神帮助有困难的人。"曾祖母常自傲曰:穷人无田而自有活计,无求于人也。"不为流俗所困,靠自己的力量谋生,不巧取社会资源,又能关心社会事物,帮助他人,这些品质在某种意义上影响了熊十力的性格的形成。

乡塾先生

《熊十力评传》
由宋志明著,百花洲文艺出版社出版的《熊十力评传》以流畅、凝练的笔调叙写评述了熊十力先生的人生道路、思想体系、学术传承,堪称传神之作

当时的乡校大多是二三十岁的人参加,也偶尔有成年人带来年少的人参加。很多人不过是为了认识点字然后好给人家当家塾的老师。另外成年人事情多,太过现实,观念也已经定型了,被私人的欲望杂染太深,志趣不好启发,材性也以平庸居多。而熊十力的父亲自有一套教学理论。

他在教学的内容上面,优先教历史,然后才教汉代以来相传的《诗》《书》《礼》《易》《春秋》五经。另外,他教历史的情感动机是同情民众,而不是为了功名利禄。"宜用心探求祸乱从何而起,探求既久,方知胡祸是内乱所招致,而皇帝制度乃是内乱之根也。古今史学家,都不与天下众庶同忧患,其读史只玩故事及以博雅成名,谋利禄耳。"

他教导学生正确认识功名利禄。他认为名要为当世和后代人称颂才算名,功要建大业,"盛德大业,国以之建,民以之新者是为功"。他说:"殊不知人生之至贵,要在实有深造自得者在。逐浮名于外,而无自造自得之实,是乃无耻之尤耳。"他在教育过程中重视独立精神的培养,"穷于财,可以死吾之身,不能挫吾之精神与意志"。

师友之助

学问的发展,需要有好朋友,有志同道合的朋友。梁漱溟、胡适、蔡元培、冯友兰、金岳霖、熊十力等之间都有着一定的学术关联。彼此之间能够在私人通信中交流学术看法,包括对学问本身的看法、对时局的看法,偶尔谈论私人的事情。因为交流,所以有彼此的批评,有互相的欣赏,形成了一个现代的、松散的,但是却又联系紧密的学术团体。这是学术发展的必要条件。学者间关系好的互相帮忙、惺惺相惜,共同在动荡的时代中传递着智慧的真

《十力语要》
《十力语要》原是《十力论学语辑略》,初版于1935年,收录熊十力在1932年至1935年创作的笔札。《十力论学语辑略》后来被编为四卷本《十力语要》的第一卷

火,形成了一个较为辉煌的现代思想迸发期。尽管这一思想的迸发慢慢地熄灭了,思想的交流越来越少,但薪尽火传的历史车轮不可逆转。学者之间的学术评价是最可靠的学术评价,这种评价的公正和书评往往制约了学术繁荣。"须知判断书之有无价值及价值之大小,乃是一件很不容易的事。你不对于某种学问精深研讨,确有所得,而遽欲判断其好坏,这是绝对不可能的。"

在北京大学期间,对熊十力帮助很大的是张东荪和林宰平。张东荪留过学,外语好,收藏很多外文哲学书籍。熊十力很多的西方哲学知识都是通过张东荪的介绍得来的。不过他悟性好,时间长了居然可以滔滔不绝引经据典向张东荪谈论西方哲学。谈到高兴处,竟然给张东荪来个"当头棒喝",一巴掌向张东荪的肩头拍去。汤用彤曾佩服地说:熊先生虽不通西文,但对西方哲学的理解,比一般留学生还强百倍。不过,熊十力很是讨厌那些看不起没有喝过洋墨水的人。

北大教授林宰平也是经常与熊十力在一起聚谈的朋友。熊十力视林宰平为知己,认为他是最能理解自己的人,自己也最能理解林先生。熊十力每逢重大的理论问题,总喜欢找林宰平磋商。

在北京,董必武是熊十力最感亲切的老朋友。二人年龄相仿,同为湖北人,又都参加过辛亥革命。两个人见面后,总是欢喜异常。刚到北京时,熊十力的很多事情都要找董必武帮忙。董必武跟他开玩笑说:"我简直成了你熊十力一个人的副主席了。"

除此而外,熊十力还很幸运,教过很多好学生。对于一个儒家的学者来说,什么也没有比有出色的学生更让人欣慰的了。他的弟子遍布海内外,留在大陆的有石峻、任继愈、黄艮庸等人,在港台的有唐君毅、牟宗三、胡秋原等。徐复观抗战后期得识熊十力,执弟子礼。他认为熊十力是"中国文化的长城"。经过唐君毅、牟宗三、徐复观等人的阐扬，现代新儒学思潮成为一种有影响力的学术思潮。而这一切都是和熊十力个人的贡献分不开的。

5. 时人对熊十力的评判

有人说熊十力是"豪杰",有人说他是"醇儒",有人觉得他是"真人",有人骂他如"野狐"。一人多面,该相信哪种评价呢?儒家创始人认为有着善恶相反的评价恰好是正常的状态。"子贡问曰:'乡人皆好之,何如?'子曰:'未可也。''乡人皆恶之,何如?'子曰:'未可也。不如乡人之善者好之,其不善者恶之。'"(《论语·子路》)孔子告诉子贡,一个好人给予你好的评价,一个不太善良的人给予你不太好的评价,这样才是君子。评价者使用的尺度不一样,量的器具不同,但都可以启迪我们更为全面地认识一个人。

豪杰

梁漱溟以"豪杰"一词来评价熊十力,他说:"不料想熊先生是才气横溢的豪杰,虽从学于内学院而思想却不因袭之。"梁漱溟认为熊十力晚年的时候太过藐视一切了,对先贤批评的太多。

熊十力的家乡湖北黄冈大别山
大别山位于湖北、河南、安徽三省交界处,是长江、淮河的分水岭

不过"现代醇儒"说他的学问可以,说他这个人,还是显得很抽象,不知所云。一个人的学问可以代表一个学者,不过学问是学问,做人是做人,二者可以不一致。所以我想起了他小时候的外号:熊大胆。用"大胆"来描述他可能还不错。

一个人胆子大,一定是特立独行的,一定是不怕牺牲身体,不怕牺牲利益,还要坚持自己的想法,还要坚持去做自己想做的事情。从学问角度来说,熊十力算是"胆大包天"的了。现有几个明证:

其一,1920年,36岁的熊十力经梁漱溟介绍拜欧阳竟无为老师学习佛学,1922年到北大讲唯识学概论。1923年讲了一半就抛弃了,讲起了《新唯识论》。好像是背叛了师道似的,一旦自己发达了,狐狸的尾巴就露出来了。而且在遭到人家的批判以后,还冥顽不化,在1933年赶写出《破破新唯识论》。不仅如此,他还经常说中国人很喜欢的一些佛教理论不好。比如大乘空宗讲空,在他看来弄不好就会出问题。比如眼前有个水杯,这个水杯有形状,这是"色",这个水杯可以喝水,这是"功用",是"用"。大乘空宗为了让人看到这个杯子是空的。在熊十力看来,如果讲破相,就像把这个杯子砸烂了,那么色也就没有了,也不能喝水了,水杯的本体也就没有了。所以破相并不好。还是扫相好,就像见到一块名表,我们无需否认它是名表,不过我们如果知道它的本体不过是一些钢啊什么的材料,也就觉得没啥意思了。另外,一个东西背后的本体,不是空,而是大化流行。就像一个绳子,两边使劲,中间就会打结,两边使劲是本体,打的结是功用。二者不可分开来看,不能只看到结,而看不到两边的力量。

其二,对中国的儒道学说又怎么样呢?1956年他的《原儒》出版了。可以说他把很多儒家名家都否定了。他认为道家、墨家、法家、名家、农家都源于儒家。他推崇易学,认为孔子50岁学了易学以后,作了六经,

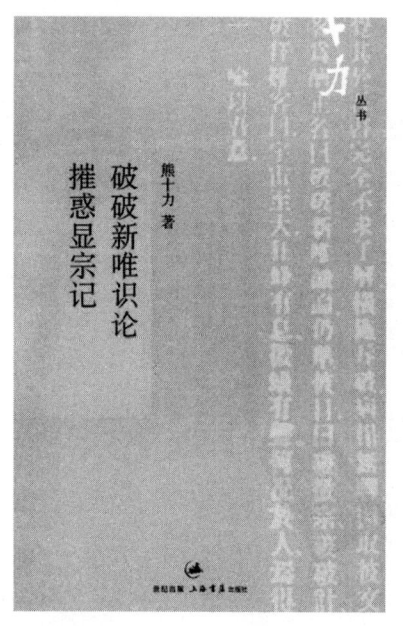

《破破新唯识论》
《破破新唯识论》的原书分别出版于1933年和1950年,是对佛教界人士针对《新唯识论》的批评文章的反批评

认为六经是孔子作的，不过不是现在看到的六经，六经讲大同学，前面的是小康学说。汉学就不消说了，表面上推崇孔子，实际上就是维护帝王制度。宋明理学好一些，不过还是小康学派的延续，因为还讲天人感应、三纲五常，体用、内圣和外王、天理和人欲没有很好统一起来。他认为道家偏向虚静中去领会道。这是很荒谬的。

其三，他傲视西学和科学技术。他认为西方人把本体理解成我们心外的东西，就像心外的一个人或者石头一样。这是不行的。

真人还是野狐

熊十力自认为是智者、仁者还不够，自己不够慈祥，性情过激。这种性格特征导致他和梁漱溟虽然同为现代新儒家的重镇，但却各具特色。梁漱溟对人的不良行为，主张不直接进行批评，而是比较含蓄地表示出来。熊十力则不同，他强调："不能为行为不堪者含蓄。"

牟宗三1932年在北京大学哲学系读书的时候选修熊十力的课，并称：在这里始见了一个真人，始嗅到学问与生命的意味。但在刘衡如看来，熊十力就是一个野狐。他对佛学的认识和理解离佛教经典的原意，离中国佛学界长期形成的认识和看法太遥远，不符合佛学界的理解习惯和学术规范，对唯识学几乎全无知晓，对佛学的看法几乎就是造谣和诽谤，就是"失心痛言已童竖戏"，如"野狐之呜呜乱鸣"。

现代醇儒

熊十力是一个什么样的人？用什么样的字眼说他才好呢？有的人说他是"醇儒"，是"儒家正宗"。也有人说他不那么"醇"，因为

武当山
武当山堪称天下奇山，位于湖北省境内。湖北除了名山大川外，还孕育了无数英杰，熊十力就是代表人物之一

他还讲佛学呢，他还讲西方哲学呢，还讲科学技术呢，讲民主、自由、平等。要知道这些东西可不是原始儒家就有的。不过你说他不是那么"醇"的儒，他是那么认真地追求做个圣人，还要想着什么大同社会，想着所谓外王的事情。并且他在艰困的环境下，还惦念着儒家，为儒家遭受到的不公正待遇伤心欲绝。这不是醇儒是什么呢？

基于此，我说他是"现代醇儒"。"现代"就是说有西方哲学的内容在里面，有佛学的观念在里面，有老子等思想，有对科学技术的回应,有独立、自由、平等的追求。"醇"是说,从内核来说是儒家的,还是儒家那坛子老酒,还追求什么内圣外王,并且要用体用不二的学说论证这个内核。

三 冯友兰
——一代学儒

1. 生平
——动心忍性希前哲

抗战初期，几位清华教授从长沙往昆明，途经镇南关，冯友兰手臂触城墙而骨折。金岳霖先生一次对宗璞幽默地提起此事，他说："当时司机通知大家，不要把手放在窗外，要过城门了。别人都很快照办，只有你父亲听了这话，便考虑为什么不能放在窗外，放在窗外和不放在窗外的区别是什么，其普遍意义和特殊意义是什么，还没考虑完，已经骨折了。"金岳霖此番话应该是合理的想象，最有可能的是当时冯友兰在思考问题，没有听到司机的提醒。不过，这个故事很好地表现了冯友兰的人格特征。

小秀才

郑朝宗说："如果世界上真有所谓'学者态度'的话，冯芝生先生的态度可说是十足的学者的了。"冯芝生就是冯友兰（1895～1990年），字芝生。1895年12月4日，也就是农历乙未年的十月十八日，

1935 年全家福

1935 年，冯友兰的母亲吴清芝将返回河南，全家在清华大学合影。中为吴清芝，左二为任载坤，右为冯友兰。首排四子女，左起：长女钟琏、长子钟辽、次女钟璞、次子钟越

在河南省唐河县祁仪镇冯台异的家中，诞生了一个小生命。这就是后来奠定了中国哲学学科规范的冯友兰。冯友兰的父亲冯台异，清光绪戊戌（1898 年）科进士，伯父冯云异、叔父冯汉异都是秀才。这就使得冯家成为书香之家，进入了"耕读传家"的行列。

俗话说：龙生龙，凤生凤。在秀才家庭的氛围中，很自然地造就了冯友兰这个小秀才。据冯友兰自己回忆，他的母亲很懂得教育子女的方法，她向来不在小孩的面前夸奖他。不过这个问题现在也有新的认识了。因为夸奖可以让孩子更有荣誉感和自信心，让孩子更乐观开放。不夸奖是怕自大，太沾沾自喜，然后就停顿了。凡事都有利、弊的两面，现在家长只好根据自己孩子的秉性自己去取舍了。有一次母亲问父亲："照以前科举的标准，你看像友兰这个样子能去考秀才吗？"父亲说："岂但能去考，碰巧了还能成秀才。"他母亲在后来冯友兰到清华做事以后才告诉他。

小秀才实际上没有当成秀才，因为他赶上了一个不同的时代。当时清政府规定的学校制度是在县城里面设小学，在省城里面设立高等

与中国公学的同学合影。后排右一为冯友兰
1906年4月10日,中国公学在上海正式开学。开学后,共招学生318人,分大学班、中学班、师范速成班、理化专修班

云南昆明西南联大旧址
位于云南师范大学。2006年被列为全国重点文物保护单位

学堂,在北京设立京师大学堂。所以冯友兰就去考了小学。但省里面不承认他们这一班,只算了预科。但他经过上海中国公学和北京大学的学习最终成为一个现代儒家学者。

1906年2月,因大批留日学生返抵上海,没有着落,留学生中的姚洪业、孙镜清等各方奔走,募集经费,在上海北四川路横浜桥租民房为校舍,筹办中国公学。两江总督端方每月拨银1000两,派四品京堂郑孝胥为监督。校务实际由王㧑沙主持。革命党人于右任、马君武、陈伯平等任教员。1906年4月10日,中国公学在上海正式开学。开学后,共招学生318人,分大学班、中学班、师范速成班、理化专修班。

成为一个哲学家需要什么样的品质,这很难有一个定论,很难给出一个固定的答案。或躁动,或大胆、孤傲,或呆,或洒脱,均可成就一代学者,成就一代文人。如果说梁漱溟的生命充满了躁动和不安,熊十力则多了些特立独行的话，冯友兰则兼具了"呆气"和"仙气"。他的女儿回忆说："他自己就总是在思索，在考虑问题。因为过于专注，难免有些呆气。他晚年耳目失其聪明，自己形容自己是'呆若木鸡'。"

至于仙气，这可能是很多人看了老年的冯先生的一个普遍的印象和感受。他的女儿宗璞说她是觉得父亲有些仙气的，因为冯友兰看得开。20世纪60年代初期，冯友兰一家常傍晚到颐和园坐大船，"一位当时的大学生若干年后告诉我说，那时他常常看见我们的船在彩霞中飘动，觉得真如神仙中人"。

冯友兰北京大学毕业照
1918年6月毕业于北京大学，同学们与校长蔡元培（前排右四）、文科学长陈独秀（前排右三）及教授马叙伦（前排右五）、梁漱溟（前排右二）等合影。二排左四为冯友兰

留美印象

冯友兰把自己的哲学活动概括为四个时期。第一时期是从 1919 年到 1926 年，其代表作是《人生哲学》。这一时期他主要在哥伦比亚大学度过了一段异国时光。1919 年入美国哥伦比亚大学研究生院哲学系，1923 年获博士学位，毕业后回国。

在哥大期间，为了申请奖学金，杜威曾给冯友兰写过推荐信，最后一句说："这个学生是一个真正学者的材料。"1946 年到 1948 年，冯友兰再次去美国，和布德合作翻译《中国哲学史》。

1982 年 9 月，冯友兰再一次踏上美国的土地，来到纽约，接受哥

留美校友与蔡元培合影
1921 年北大留美校友与赴美考察的蔡元培先生合影。二排左一为冯友兰，前排左五为蔡元培，左二为罗家伦

冯友兰和布德
1982年在美国与《中国哲学史》两卷本的英译者布德先生重逢

伦比亚大学授予的名誉人文博士学位。他非常感慨地说:"一别贞江六十春,问江可认再来人?智山慧海传真火,愿随前薪作后薪。"贞江就是哥伦比亚大学西边的哈得孙河。

他在美国读书期间得到了很多印象,看得出他是一个喜欢观察和思考的人。他说:"中国是个'官国',美国是个'商国'。"他在

燕京大学

北京燕京大学是 20 世纪上半叶 4 所美国及英国基督教教会在北京开办的一所著名的教会大学。司徒雷登任校长。校训是"因真理,得自由,以服务(Freedom Through Truth For Service)"。校园内大楼前的华表原置于圆明园安佑宫,约制于 1742 年,在燕京大学建校初期移到这里

纽约街上看见"加入海军,周游世界"这样的标语,这让他想到了中国和美国的不同,尤其是政治上的不同。中国如果是让人参军,一定会采取行政命令的形式,如"切切此令"。而美国则利用"周游世界"这样的利益号召人们参加海军。

他对美国人的赚钱方式也很感兴趣,当然不是因为他自己想学习赚钱,而是想从中看出东西方文化的差别,看出东西方社会形态的不同。他说:"美国人赚钱的方法,也真是无孔不入,而中国人则是有孔不入。"

他观察美国的选举,看到:"他们讲究的是实际不是形式,而中国这一方面倒是只讲形式不讲实际。"中国的官僚主义的办事方式只需要在形式上做一点布置,瞒住上面的眼睛就可以,下面的意见是不管的。"笑骂由他笑骂,好官我自为之。"当然也有欺上瞒下的。

"他们的想法是,只有独立,才能自由。经济上的独立,是一切独立的基础。"美国学生并不像中国人认为的那样:"能上不能下,认为劳动可耻。"

清华学派

1908年,清朝用美国退还的庚子赔款中的多余部分派遣学生到美国留学。1911年,正式成立清华学堂。1928年,蒋介石联合阎锡山、冯玉祥继续北伐,赶走了张作霖。这对清华大学产生了一定的影响,尤其是人事上的影响。

1928年暑假中,南京的国民政府任命罗家伦为清华校长。罗家伦从燕京"挖"走杨振声和冯友兰。

冯友兰作为清华大学校秘书长、校务会与评议会成员,协助罗家

清华大学

冯友兰认为清华大学的成长是中国近代学术独立自主发展过程的标志。清政府于1909年设立了"游美学务处",主管选派留美学生的事务,同时附设了一个"肄业馆",对留美学生进行一定的培训。这应该就是清华大学的前身,1912年这里又更名为"清华学校",1928年再次易名为"国立清华大学"。

伦、梅贻琦做了很多工作，并作为校务会议主席两次代理校务，在清华学派的形成中起到关键的作用。主要是：融合中西新旧，力图吸收北大京派谨严的优点，克服其墨守成规的缺点，吸收海派打破陈规的优点，克服其任意的缺点，创造新的体系；不取"疑古"和"信古"的态度，而是采取"释古"的态度；以逻辑分析为主要方法，有着为振兴中华而追求真理的治学精神。

之所以能够在开创一种学术传统中发挥作用，关键就在于冯友兰有一套自己的教育理论。他强调学术知识对于人生的功用，不是短时间内所能看出来的，也许有些是永远看不出来的，一个大学中必须有许多冷僻的学问，维持这些学问的研究，正是大学的责任。他强调每个大学都应该是"自行继续"的团体，一个大学内部的新陈代谢都应该由他们自己处理，外边的人，不能干涉。大学不是职业学校，大学不是宣传机关，大学是专家集团，大学教育除了给人一门专门知识外，还培养了一个清楚的脑子、热烈的心，这样他对社会才可以了解、判断，对已往、现在所有有价值的东西才可以欣赏。

西南联大"最得力的人"

1937 年，抗日战争爆发，北京大学、清华大学、南开大学先迁至湖南长沙，组成长沙临时大学。1938 年 4 月又西迁昆明，改称国立西南联合大学。联大于 1946 年"五四"纪念日结束。学校没有校长，由三个学校的校长组成校长常务委员会，共同主持校务。

冯友兰作了校歌歌词，调寄《满江红》，其中有"多难殷忧新国运，动心忍性希前哲"这样的字句。

根据冯友兰先生的自述，西南联大没有因政治原因聘请或者解聘教授，包括录取和开除学生，没有因政治原因干涉学术，是"民主堡垒"。西南联大保存了教授治校的传统。冯友兰说自己在关麟征和西南联大冲突中扮演了两派调和人的角色，他自认为是挽救了联合大学，为中国学术界保留了一块自由的园地。宗璞说："离开北平不是逃避，而是去尽自己的一份责任。"西南联大校友、旅美历史学者何炳棣在他的《读史阅世六十年》中说冯友兰是西南联合大学的"得力之人"。冯友兰担任西南联合大学文学院院长，是中坚人物，主要是因为他是坚定的爱国者，在人格上刚健中正，在学问上融贯中西，贯通古今，写成"贞元六书"，开一代学术新局面。

"三松堂"的漫长岁月

1952年，因为院系调整的原因，冯友兰转任北京大学哲学系教授，住在燕南园。燕南园位于燕园的南部，1952年随燕大并入北京大学。燕南园的住宅被定为51号到66号。燕南园57号就是"三松堂"。"三松堂"取自园内三株松树。三棵树中的两棵高大稳重，一棵直指天空，另一棵过房顶后作90度折角，形貌别致，都似很有魅力，可以依靠。第三棵不高，枝条平伸作伞状，使人感到亲切。他的著作晚年整理为《三松堂全集》。

"文革"伊始，57号惨遭抄家，冯友兰刚做完前列腺手术，出院第二天便被勒令参加批斗大会，身上还挂着尿瓶子。

1980年，他以85岁的高龄，在双目几近失明的情况下，历时10年，以口述方式完成共7册、总字数达150万字的巨著《中国哲学史新编》。1989年，冯友兰的身体状况日渐下降，经常住院。他对宗璞说："我现在是有事情没有做完，所以还要治病。等书写完了，再生病就不必治

冯友兰手书三松堂匾额
宗璞说，笔迹饱蕴秀气，其秀在骨是冯友兰书法的特点。冯友兰习惯站着写字，写得很直，间隔匀称

三松堂庭院
竹是高雅、纯洁、虚心、有节的象征，梅象征着人卓而不群、超凡脱俗的品格，松是意志刚强、坚贞不屈的象征

90 岁的冯友兰先生
1985 年，冯友兰已经 90 岁了，《中国哲学史新编》还有 4 册需要完成，这一年冯友兰和梁漱溟之间有一次面谈

了。"宗璞说："蝇营狗苟、利欲熏心的人能写出这样的书吗？"1990 年 7 月，《中国哲学史新编》第 7 册定稿完成。11 月 26 日，哲学家冯友兰从容地停止了他的思想。

三松堂，成了中国文化和中国哲学的象征。正如 20 世纪 40 年代冯友兰最喜欢写的李翱的一首诗所说，"松"和"哲学"（经）的有机结合，是责任感和洒脱的结合，是入世和出世的结合，是旧邦新命和高明中庸的结合。"练得身形似鹤形，千株松下两函经。我来问道无余说，云在青天水在瓶。"

三松堂的岁月是漫长的，因为："解放后他的定位是批判对象，怎敢扩大影响，但在内心深处，他有一个感叹、一种悲哀，那就是他说过的八个字'家藏万贯，膝下无儿'，形象地表现了在一个时期内，我们文化的断裂。"

小知识◎"改良"的争议

  1915年9月初,冯友兰到北京大学参加开学典礼。辜鸿铭说:"现在人做文章都不通,他们所用的名词就不通,譬如说'改良'吧,以前的人都说'从良',没有说'改良',你既然已经是'良'了,你还'改'什么?你要改'良'为'娼'吗?"冯友兰没有对辜鸿铭的"改良"议论发表意见。辜鸿铭的说法有没有道理呢?辜鸿铭为什么有此议论呢?抛开政治的倾向性不说,但就语言的使用来说,这是古代汉语的理解方式与白话文理解方式的差异。因为按照古代汉语的惯用使用方式是突出"字",而不是突出"合成词"。如果从"字"的角度看"改良",就是"改"和"良","改"为动词,"良"为名词,"改"有改掉坏的含义,不如"从"。而现代汉语中的"改良"是个合成词,大约是"改革"的同义词。

◎"孙行者;胡适之"

  "孙行者;胡适之"。——有一年新生入学考试,陈寅恪主张用对对子的方法。他出的是"孙行者"。一个考生对的是"胡适之"。"者"和"之"是虚词,"行"和"适"是动词,猢狲相对,"胡""孙"是名词。

西南联大校训
在云南师范大学竖着一根棱形纪念柱,柱子上镌刻着"刚毅坚卓"四个字,这就是西南联大的校训

◎西南联合大学校歌歌词

万里长征,辞却了五朝宫阙。暂驻足衡山湘水,又成离别。绝徼移栽桢干质,九州遍洒黎元血。尽笳吹弦诵在山城,情弥切。千秋耻,终当雪。中兴业,须人杰。便一城三户,壮怀难折。多难殷忧新国运,动心忍性希前哲。待驱除仇寇复神京,还燕碣。——调寄《满江红》,为西南联合大学校歌歌词。1937年,北京大学、清华大学、南开大学组成长沙

临时大学。1938年4月,又西迁昆明,改称国立西南联合大学。1946年5月4日结束。

◎生死的淡定

1990年一次医生检查后,冯友兰在引用了庄子、孔子、张载关于死亡的论述后开导女儿说:"我现在是有事情没有做完,所以还要治病。等书写完了,再生病就不必治了。""我只能说:'那不行,哪有生病不治的呢!'父亲微笑不语。"冯友兰对生死的淡定除了哲学的修养所致以外,也是受到了母亲的影响。11月26日,冯友兰那永远在思索的头脑进入了永恒的休息。

2. 新的世代更迭
——艰难地走向世界之旅

清末帝制时期

根据冯友兰先生的描述,当时大家庭的幼儿教育,都要阅读和背诵《三字经》《论语》《孟子》《大学》和《中庸》。很多人都在思考一个问题:为什么很多大师都出在民国时期呢?我想,一个可能的答案是:民国时期出名的大师往往生在清末,他们受到了较好的传统经典的教育,受到了较好的早期教育。

冯友兰说,那时候读经要求从头背到尾,有的人家还叫背诵朱熹的注释。另外,为了应付科举,还要读《幼学琼林》《龙文鞭影》,冯友兰则和梁漱溟一样,还读了《地球韵言》。当前也有人怀疑读《三字经》,怀疑读"四书",担心把人变成了愚昧的人,但事实是读好这些经典的人,恰好成了有理性,能反思,能自主思考的人。中国向何处去,中国人向何处去?中国在走向世界的过程中要保留什么,丢掉什么？显然自己的文化经典教育是不能丢的。

民国时期

冯友兰根据自己少年时候的真实经历，认为辛亥革命是官权和绅权的斗争，绅权和资产阶级结合推翻了官权，后来二者之间又闹矛盾了，所以要来个"二次革命"。因为在武昌的时候他听父亲和母亲商议要不要做绅的问题。在辛亥革命中，活动的多半是知识分子，乡村赞成革命的也是开明绅士，也是知识分子。考上科举的人做完官，回到原籍就是绅。冯友兰还总结道：仅仅靠宣传和封建势力作斗争，显然是不够的。

冯友兰在说孙中山的时候讲了个笑话。关帝庙、财神庙的香火很旺盛，有很多人去烧香。孔子的庙前很冷落，很少人去烧香。孔子有点牢骚。有个聪明人问孔子：你有关公的大刀吗？孔子说：没有。又问：你有财神爷的钱吗？孔子说：也没有。那个人就说：你既然没有关公的大刀，又没有财神爷的钱，那当然没有人理你。

在冯先生看来，当时中国的经济基础还没有达到发展资本主义的程度，硬要把资本主义的上层建筑加到封建主义的经济基础上面，显然是行不通的。有一天冯友兰到杜威家吃饭，杜威问，孙先生和军阀合作已经上过很多次当了，现在为什么还要这样做呢？冯友兰后来的理解是：孙中山是认识到在当时的情况下，非武装割据不可。"不管理论上怎么说，中国社会还是走它的历史道路，那就是袁世凯的帝制，后来的军阀混战。"

中华人民共和国时期

中华人民共和国成立以后,如何走向世界,也经历了一个艰难的过程。

中国走向世界的过程中,一个很重要的问题是如何对待科学技术,而这一问题又是和如何对待知识分子的问题密切相关的。中华人民共和国成立以后,如何对待旧社会中成长起来的、没有加入共产党的知识分子是一项重要的工作。从冯友兰的例子来看,冯友兰和中国共产党之间的关系包含着一种文化习惯上的关系。冯友兰说自己:"我是用旧经验了解当时的新事物。这样了解当然是不正确的;所以反应也必然是错误的。"比如徐特立找冯友兰谈话,徐老说:"有人说你是唯心的。咱们谈谈,谈明白了,以后就可以共同工作了。"冯友兰当时并不明白徐老是代表组织的意思。徐老先讲自己的历史,意思是让冯友兰也讲自己的历史,自己讲自己的历史有自我检查的意思。合作不是和徐老编中小学教材的合作。冯友兰"呆",对社会新事物的规则和反应也比较慢,这或许使他在改变和适应的过程中会付出更多。清华遭到空袭,毛泽东打来电话慰问,他是用旧办法把来电在学校布告栏一公布就完事了。按照他后来的理解,应该大张旗鼓地宣传才是。冯友兰还是多了一些书生的呆气,少了些社会上的圆融。

1949年冬天,北京郊区开始土地改革,冯友兰参加了工作组,因为工作的主要内容就是解决"谁养活谁"的问题,冯友兰由此对阶级学说有了新的认识。他不断地自我反省,自我超越,虽然自我超越的过程充满了争议,充满了曲折,不过还是可以说他是大节不亏,晚节善终。

小知识◎ "东铭"

"阐旧邦以辅新命，极高明而道中庸。"——悬挂于冯友兰书房的东墙，人谓"东铭"。

中国是一个有着悠久历史传统的国家，传统是资源，是精神的动力，但也可能成为包袱，需要阐旧邦以辅新命，以开放的心态接纳先进的新事物，振兴中华，走向世界。

◎话剧欣赏：《袁世凯和议会》

（在一个国民党议员的家里。半夜。来了几名警察。）

议员：有什么事？

警察：上边要看看您的议员当选证书。

议员：我是国会议员，在国会开会期间，谁也不能干涉我的自由！

警察：这不是干涉您的自由，上边不过是看看您的当选证书，看完了就送回来。

议员：（简直没有办法，就把当选证书交给警察，气愤地）明天开会，我要在会场里向你们的上边提出质问！（警察拿着当选证书走了。）

（第二天。议员去国会开会，到国会门口，被警卫挡住。）

警卫：你是什么人？来干什么？

议员：我是议员，来开会。

警卫：拿当选证书来看看！

议员：昨天夜里巡警把我的当选证书拿去了。

警卫：你既然拿不出当选证书来，你就不能进去。

议员：我每天都来开会，你难道不认识我吗？

警卫：上边的命令，认证不认人！

（议员无可奈何，只好回家。）

在走向世界的过程中，遇到挫折，甚至倒退在所难免，前进的道路是不可阻挡的。就像这个小剧本中的故事一样，国会是一个新事物，袁世凯想复辟帝制的举动，终究是不能长久的！

◎猜灯谜

冯友兰的伯父到崇阳来参加衙门的晚会，出了一个灯谜，是"慈禧太后的生日。——打一字"。冯友兰对上了，是"朝"字。因为慈禧太后的生日是十月十日。

◎冯友兰为金岳霖所作的对联

"何止于米，相期以茶；胸怀四化，意寄三松"。——冯友兰与金岳霖同庚。1983年，两位老先生在做88岁"米寿"（米字拆开是八十八）时，冯友兰写了两副对联，一副给自己，一副送金岳霖。给自己的就是这一副。意思是不能止于"米寿"，期望能活到"茶寿"（茶寿，是108岁）。

"何止于米，相期以茶；论高白马，道超青牛"。——这是冯友兰给金岳霖的对联，前两句同，后两句是对金岳霖逻辑和论道方面的赞叹：论辩比公孙龙的"白马非马"论要高，论道超过骑着青牛的老子。

3. 学术造诣
——新理学

在中国现代哲学史上,运用一般和个别的范式思考中西文化及其哲学的关系问题比较典型的是冯友兰。他用一般和个别的逻辑说明中国未来的道路,说明人生,说明具体事物,说明哲学方法论。的确,"全盘西化"是不可能的。中国人是黑头发、黑眼珠,西洋人是黄头发、蓝眼珠,你不可能把黑眼珠换成蓝眼珠。当然头发可以染成黄的,不过不染还是黑的。你说"本位文化",但是中国什么都不改能行吗?显然不行,所以要找出一个标准,说明什么要改,什么不要改。冯友兰认为这个标准就是要认识共相,尤其是西方的共相。

中国现代化之路

余敦康认为新理学体系的关键就是提出了一个中国到自由之路。1934年,陈序经写了《中国文化的出路》,明确提出"全盘西化";1935年1月10日发表了陶希圣等十教授联合撰写的《中国本位的文化建设宣言》，提出"中国文化本位"；蒋介石则搞尊孔读经的"新生活运动"。余敦康说："冯先生是在考虑中国应该走什么样的路，提出'中国到自由之路'。我们中国人必须走哪条路呢？沿着我们自己的那条路走下去呢，就是我们的民族本位，这是走不通的。必须学习西方，学习西方不是学习西方所有的，而是学习西方现代化的共相。如果把冯先生摆在20世纪的哲学家里来看，在这点上是没有人能超过的。"

冯友兰在哥伦比亚大学师从杜威先生，心志在中西文化比较。1982年，冯友兰在哥伦比亚大学授予他名誉人文博士学位仪式时致答词说："我第一次来到美国正值我国五四运动末期，这个运动是当时的不同的文化矛盾冲突的高潮，我是带着这个问题而来的，我开始认真地研究它们。为了解答这些问题，我的思想发展有三个阶段。在第一阶段，我用地理区域来解释文化差别，就是说，文化差别是东方、西方的差别。在第二阶段，我用历史时代来解释文化差别，就是说，文化差别是古代、近代的差别。在第三阶段，我用社会发展来解释文化差别，就是说，文化差别是社会类型的差别。"

中西文化差别是社会类型的差别基本上是他观察中西文化的最终定论。这一差别的认识的逻辑基础是一般和个别的理论认识。文化有特殊和类的差别，中西文化都首先是一种文化的类型，然后才是中国的和西洋的这种个性。

冯友兰指出，我们所要注意的，并不是一种特殊的西洋文化，而是一种文化的类型。近代化或者现代化的共相就是从一类改到另一类，不是把一个特殊的文化改到另一个特殊的文化。"怎样确定这个标准呢？最好的办法是认识共相……这些国家是殊相，它们的社会性质是共相。共相是必要学的，也是可能学的；殊相是不可能学的，但也不是必要学的。"改变与此类相关的诸性，无关的不变。

他通过个人的生活经验加上读书思考，看到西方的共性和中国的共性其实就是城乡的差别，是工业国家和非工业国家的差别，是家庭为主的社会和社会为主的社会的区别。所以学习西方就是学习城市主导的工业化，学习西方的社会化。"照我们的说法，我们要'工业化'；即与工业化有关者皆要；否则不要。"这就是要从类的观点把生产家庭化的文化变为生产社会化的文化。"一民族所有底事物，与别民族所有底同类事物，如有程度上底不同，则其程度低者应改进为程度高者，不如是不足以保一民族的生存。但这些事物，如只有花样上底不同，则各民族可以各守其旧，不如是不足以保一民族的特色。"

人生四境

可能很多人一听说"哲学"这两个字，都会问一个问题：哲学有什么用啊？"1947年，我在美国遇见一位哲学教授，他说：现在在美国教哲学的人，最怕碰见学生家长。家长问：'你教这些东西，对孩子们有什么用处？'颇觉难以回答。"冯友兰认为如果哲学讲了"安身立命"的大道理，哲学对人就更有用了。

哲学是否有用，其实根本上看涉及抽象对人有没有用，概念范畴对人有没有用，涉及哲学概念对人有没有用。"因为我常讲抽象，张荫麟曾经给我说个笑话，说是柏拉图有一次派人到街上买面包，那个人空手回来，说没有'面包'，只有方面包、圆面包、长面包，没有光是'面包'的面包。柏拉图说，你就买一个长面包吧。那个人还是空着手回来，说没有'长面包'，只有黄的长面包、白的长面包，没有光是'长面包'的长面包。柏拉图说，你就买一个白的长面包吧。

《新原人》
1943年,《新原人》由商务印书馆在重庆出版。《新原人》一书专门讨论人生问题,提出"人生境界论"

那个人还是空着手回来,说没有'白的长面包',只有冷的白的长面包,热的长白面包,没有光是'白的长面包'的白的长面包。这样,那个人跑来跑去,总是买不来面包。柏拉图于是饥饿而死。"柏拉图的这个学生应该说真的进入了哲学的思维,因为的确,"面包"是一般,世界上并没有一个具体的叫作面包的东西。有的只是具体的面包,而具体的面包一定有形状、有味道、有冷热等具体的属性。不过这个仆人虽然懂得一般,懂得了解概念本身,却不知道一般和个别的关系,面包包括各式各样的面包,拿一个回来就可以了。柏拉图对于他的仆人的愚笨倒是有办法解决,可以拉着他到面包房,指着一块面包说:就是它。概念的重要性就是可以忽略很多个别的属性和特征,包括众多的个别事物,从而可以达到人与人之间的交流,不必亲自面对那个具体的事物。就像我们告诉别人给我买一部手机,手机是一个词语,是一个概念,只要说出这个词就行了,一个正常的人不会搞错,你不用拿一部手机给他看,说买一个这个东西回来,他就会买回来。

不过,西方哲学的概念还好办一些,如果把一般和个别搬到了中国古代汉语的语言这里,麻烦就更大了。冯友兰也听说一个笑话。"说是先生给学生讲《论语》,讲到'吾日三省吾身',先生说,'吾'就是我呀。学生放学回家,他父亲叫他回讲,问他'吾'是什么意思?

学生说'吾'是先生。父亲大怒,说'吾'是我!第二天去上学,先生又叫学生回讲,问'吾'是什么意思?学生说'吾'是我爸爸。先生没有办法叫学生明白,说'吾'是'我'。这个'我'是泛指,用哲学的话说,这个'我'是'抽象'的我,既不是他的先生,也不是他的爸爸。"在这里,先生说"吾"是"我"中的"我"是一般的"我",并不是指代先生本人,但学生理解成了先生本人。所以学生才会跟他爸爸说,"吾"就是"先生"这个具体的人。父亲大怒,说"吾"是"我"中的"我",也是人称代词"我",指代所有的"我",是一般。但学生把"我"理解成了是

《三松堂自序》
《三松堂自序》的内容涉及19世纪90年代到20世纪80年代,分四部分:"社会"环境、"哲学"专业、"大学"教育、信心"展望"

他爸爸这个具体的"我"。在这个笑话中有点难办了,因为你任意找一个人来,叫他告诉学生说,"吾"就是"我",那个学生总还是想,"吾"就是说话的那个人。

一般和个别要结合起来,其实就是要把理性抽象和感性具体结合起来,这就是觉解的说法。每个人都会说他了解另一个人、了解自己、了解人生,但是什么叫作了解呢?比如刚才那个笑话,那个学生如果不知道"吾"这个概念,是永远无法了解什么叫作"我"的。他总是想"我"是某个具体的人,所以就陷入矛盾了。这个学生就没有了解"我"是什么,没有了解"我"是一抽象的第一人称,指代所有处在第一人称地位上的具体的人。

《新原道》
1944年，《新原道》由商务印书馆在重庆出版。《新原道》述中国哲学之主流，以见新理学在中国哲学中之地位

但是只是像那个仆人那样也不行，必须吃过面包，然后又知道面包这个概念，二者结合起来就知道什么叫作面包了。

觉解由了解和觉两部分组成。"了解必依概念"，"了解是一种活动"。有最低程度的了解和最高程度的了解。"了解某物是怎样一个东西，或了解某事是怎样一回事，即是了解某事物是属于某一类者，是表现某理者。……人对于理的知识，谓之概念。……凡依内涵最浅的概念的了解，即是最低程度的了解。"从最低程度的了解来看，无概念的经验，是混沌，"混沌不是了解的对象，因为被了解者，即不是混沌。因此混沌是不能有意义底"。就像前面那个学生，因为不会使用"吾"和"我"这个概念，不了解老师、爸爸、自己都是个别，"我"作为类可以指代老师、爸爸、自己，所以可以说他对于老师、爸爸、自己的"我"的本性的了解是一个混沌。

一个人如果能够把概念和自己的经验结合起来，并在经验中进行了验证，从而对概念表现的理有了更深刻的理解，就会有豁然贯通的效果，这就是开悟。比如一个人读过诗歌中说的风花雪月，但是是南方人，没有见过雪，自然不知道花怎么可以和雪比。但是见过花和见过雪的人，未必能把二者联系在一起。但是如果见过花的人，到了北方，看见雪，然后又联想起来书本上说的"风花雪月"，就更加明白为什么把"花"和"雪"和"月"联系在一起了。

对面包、我、雪和花是这样,对于人生更是这样。冯友兰指出:人对于宇宙人生的觉解的程度,可有不同。因此,宇宙人生,对于人的意义,亦有不同。人对于宇宙人生在某种程度上所有的觉解,宇宙人生对于人所有的某种不同的意义,即构成人所有的某种境界。

第一个境界的人是自然境界的人。这种境界中的人其行为是顺才或顺习的,也就是说他秉性、个性如何,他的生活就顺着个性;也不会反思,不会追求什么境界,对生活缺乏觉解;愚人、小孩子、知识较多但按照自然本性和习俗过活的人都是自然境界;这种境界中的人大多数是接近自然的,即便生活在社会关系中,但没有觉解到生活在社会中;自然境界的人可以是自私的,但是不知有"我",所以不是自主的,对于我和非我的分别没有觉解,或者没有深的觉解。

第二个境界的人是功利境界的人。功利境界的特征是:在此种境界中的人,其行为是"为利"的。所谓"为利",是为他自己的利;功利境界中的人所有的行为都是为了求自己的利益,这种境界中的人有我的自觉,不过更多是我的生物性的自觉。

第三个境界是道德境界。道德境界的特征是:在此种境界中的人,其行为是"行义"的。求社会的利的行为,是行义的行为。行义的人,在行义的时候,不但求别人的利,而且对于别人有一种痛痒相关的情感;道德境界中的人对于我的自觉是人性中比较高的部分的自觉;其情感往往属于公愤一类的,是尽职尽责的。

第四个境界是天地境界。天地境界的特征是:在此种境界中的人,其行为是"事天"的。这种境界中的人不但知道自己是社会的一个分子,还知道自己是宇宙的一个分子。在这个境界中的人是无我的,同时又是有我的,是"万物皆备于我"的。他指出,境界有高低。此所谓高低的分别，是以到某种境界所需要的人的觉解的多少为标准。因境界有高低，所谓不同的境界，在宇宙间有不同的地位。有不同境界的人，在宇宙间亦有不同的地位。在天地境界中的人所能享受的，则不限于实际的世界。他们所能享受的境界，一个是极小，一个是极大。以上所说的各种境界，并不是于日常行事以外独立存在的。

观物中的一般（理）和个别（物）

中国哲学中讲"知类"，但中国古人划分的类往往不等于西方人的一般和个别。冯友兰先生显然受到了西方哲学的影响，很喜欢问一般和个别，问共相和殊相。能自觉地认识一般和个别其实很重要。我常常给学生讲，自己刚刚大学毕业的时候，老师告诉到单位工作第一印象很重要。当时我无法理解，第一印象不就是一个印象吗？一个人稳定的人品显然比那个表面的一个印象要重要得多了。一个印象是个别，长期的表现才是一般啊？只是看重外表的一个表现岂不是让人"作秀"来骗人？后来我慢慢理解了，原来人心中的一般和个别与书本的道理并不一样。我在刚到单位工作时，坚持给领导打水、打扫房间，领导很快就认可了。后来我慢慢不做了，他还是认为我很好。显然个别的印象最终演变成了"好人"这个一般的印象。当这个一般的印象稳定以后，你再做点所谓的坏事也就没有人在意了。马克思也说过类似的例子，就像你不小心碰到了一个人的脚，本来也没有什么，但是如果那个人自认清高或者高贵，而你显得很穷、很卑微，他会认为贬低了他整个的人格，他会很恼怒，跟你没完。个别的伤害在对方那里被理解成了一般的伤害。区分一般和个别多么重要啊！

冯友兰非常看重一般。在《新理学》中他坚持认为一般在先，后来在《中国哲学史新编》中他采取了先承认具体事物的唯物的思路，不过他还是认为把握一般很重要。就像是如果你没有一般的概念，当人家说"人"的时候，你知道说什么吗？显然不知道，必须弄个具体的张三来，你才知道这个是人。但是如果换成了李四，你还是不知道是不是人。但是如果有"人"这样的概念就好办了，不管中国人、外国人，不管男人和女人，都是人。有了这样的一般的概念，人交流就方便了，可以学习以往的知识，人的思想天地变得很开阔，自然精神境界就高了。所以冯友兰认为学为圣人的功夫，就是圣功；学形上学可以说是圣功的一部分；形上学能给予人最高的觉解；人学形上学，未必即有天地境界，但人不学形上学，必不能有天地境界。理、气和道体及大全概念可以使人游心于"物之初"和"有之全"，使人知天，事天，乐天，以至于同天。这些观念，可以使人得到"经虚涉旷"又不离人伦日用的极高明而道中庸的境界。

他认为，就哲学的方法及研究哲学的出发点来说哲学，哲学乃自纯思之观点，对经验作理智分析、总括及解释，哲学靠人的思与辩。哲学中之观念、命题，及其推论，多是形式的、逻辑的，而不是事实的、经验的。哲学可以不切实际，不管事实。哲学对于真际，只形式地有所肯定，而不是事实地有所肯定。哲学只对于真际有所肯定，而不特别对于实际有所肯定。

他认为，最哲学的哲学，不以科学为根据，也不随科学中理论的改变而失其存在的价值。所以哲学不能有科学那样日新月异的进步。哲学研究不靠试验工具，而靠人的思的能力。人的思的能力虽然古今如一，而人对于思的能力之训练则可有进步。哲学的出发点是我们日常的经验。对一时代新经验的分析解释，亦即可成为一时代的新哲学。

他指出：真际是指凡可称为有者，亦可名为本然；实际是指有事实的存在者，亦可名为自然。真，言其无妄；实，言其不虚；本然就是本来即然；自然就是说自己而然。只属于真际中而不属于实际中，只是无妄而不是不虚的，是属于纯真际中，或是纯真际的。"实际底事物涵蕴实际；实际涵蕴真际。此所谓涵蕴，即'如果—则'之关系。"这样，实际的事物—实际—真际三个概念构成了个别到一般的序列。

我一直以为，冯友兰的一般和个别的思维成就了冯友兰，但也限制了冯友兰的哲学。因为中国古代人尤其是先秦的一般和个别的分类和西方不一样。比如说你见到一头猪，你用猪这个概念概括，这是一般。然后把猪、狗等都概括成动物，但动物是什么呢？还需要给动物下定义。这样，这个世界就被理解成了由个别组成的一般的世界，而且每个一般的物类间还有等级的体系。但中国远古最久远的分类却不是这样的，这在《周易》中表现得最为明显了。比如牛，可以归到坤中，但也可以归到其他的类别中。比如一个男人和一个女人对应的时候，你可以说女的是阴一类，但是只有一个女人的时候，左边如果是阳，右边就是阴的，这个女人有阴气，也有阳气，独立的阳和阴都不能生长和存在。显然把女人归入阴类不行。比如厚字可以指代道德品格问题，说人脸皮厚，也可以说物体很厚，那是一个事物的体积问题，二者完全是不同类的问题，都用一个字来说明。中国古代语言文字的这种使用方式限制了一般和个别解释路径的意义。不过冯友兰应该说用得出神入化。

正的方法和负的方法

在日常生活中，我们常常看到一个人明知道一件事情讲不清楚，但是他还要讲，这就类似于负的方法啊！"真正形上学的方法有两种：

在开封与家人合影
1923年,冯友兰与弟冯景兰留美归来后,与家人合影。中间坐者为母亲吴清芝,左二为冯沅君,后立者右一为冯友兰,右二为任载坤,左一为冯景兰

一种是正的方法;一种是负的方法。正的方法是以逻辑分析法讲形上学;负的方法是讲形上学不能讲。讲形上学不能讲,亦是一种讲形上学的方法。"

他认为在西洋哲学史中,大多数的哲学家讲形上学所用的方法都是我们正的方法;中国哲学史中,大多数哲学家讲形上学大多都用负的方法。只有这两个方法结合起来才能讲形而上学。"但西洋的哲学家,很少能利用新逻辑学的进步,以建立新的形上学。……新的形上学,须是对于实际无所肯定的,须是对于实际,虽说了些话,而实是没有积极地说什么的。""正的方法,以逻辑分析法讲形上学,就是对于经验作逻辑的释义。其方法就是以理智对于经验作分析、综合及解释。这就是说以理智义释经验。"科学则是对于经验作积极的有内容的解释。形上学的正的方法,是以分析法也就是逻辑分析法为主,反观法为辅。逻辑

冯友兰《中国哲学简史》（1948）
原为1947年在美国宾夕法尼亚大学英文讲稿。1948年，英文《中国哲学简史》（*A Short History of Chinese Philosophy*）由美国麦克米伦公司出版

分析法就是辨名析理的方法。从形上学不能讲讲起就是以负的方法讲形上学。负的方法，从讲形上学不能讲讲起，到结尾也讲了一些形上学。形上学的正的方法，从讲形上学讲起，到结尾也需承认，形上学可以说是不能讲。用负的方法讲形上学能给人无知之知。无论用正的方法，或用负的方法讲形上学，哲学家都可用长篇大论的方式，或用名言隽语的方式表达意思。这是两种表达意思的方式。前者可称为散文方式，后者可称为诗的方式。冯友兰把负的方法叫作"烘云托月"的方法。

在《新理学》中冯友兰的一般和个别的方法是从逻辑方面说的，把一般抽象成了和具体事物无关的一般。冯友兰所用的逻辑分析方法主要是形式逻辑的分析与演绎。《新知言》所着眼的是讲形上学的方法，他的关于逻辑学和认识论的观点也是围绕这一点展开的。他把哲学的职能主要定位在不是增加人的形而下的知识和才能，而是提高人的境界，增加形而上的知识。这一点决定了他的整个哲学的重点和内容的取舍。

冯友兰把一般和个别相结合的方法贯穿到了中国哲学史的研究中。冯友兰用三史释古今，主要是《中国哲学史》上下卷（1933年）、《中国哲学简史》（1948年）、《中国哲学史新编》7册（1980～1990年）。

经过长时期的探索,《中国哲学史新编》把一般与个别(共相与殊相)问题作为了中国哲学发展的基本线索。在《中国哲学史新编》中冯友兰非常重视精神境界的说明,这是其对中国哲学的个性的基本看法。在《中国哲学史新编》中,冯友兰对一般和个别的关系作了唯物主义的处理,区分了具体的共相和抽象的共相。

小知识◎《新理学》

《新理学》是冯友兰"贞元六书"的第一本,也是新理学体系的哲学基础,于1939年5月在长沙商务印书馆出版。所谓"贞元之际",就是说,抗战时期是中华民族复兴的时期。历史上有过晋、宋、明三朝的南渡。"贞下起元"的意思就是抗日战争中国一定要胜利。"贞元六书",即《新理学》(1939年出版)、《新事论》(1940年出版)、《新世训》(1940年出版)、《新原人》(1943年出版)、《新原道》(1944年出版)、《新知言》(1946年出版)。

◎回答以下问题,看看你的人生境界如何

①以爬山为例,你属于哪种情况?
A. 自己喜欢爬山,就去爬山,不喜欢就不去。
B. 因为爬山能锻炼身体,或者山上有山珍所以才会去爬。
C. 因为朋友喜欢爬山,为了让朋友快乐,所以不管自己喜欢还是不喜欢都会陪着朋友去。

D. 自己去爬山的时候，感觉山的心情也和自己的心情相一致，有感情，有思考，有情义。

参考答案：A. 自然境界；B. 功利境界；C. 道德境界；D. 天地境界。

②你是如何对待他人的？

A. 根据自己的喜好来对待别人，至于自己为什么喜欢或者讨厌那个人，自己也说不清。

B. 能很清楚地区分自己和他人的界限，凡事看是否对自己有利益。

C. 觉得人活着就是要服务于他人，并觉得人活着最重要的是做个好人。

D. 觉得所有人都是天地所生，大家都是同一体，四海之内皆兄弟，所以要从天地或者所谓的"道"的角度慈悲地对待他人。

参考答案：A. 自然境界；B. 功利境界；C. 道德境界；D. 天地境界。

◎《中国哲学史新编》

《中国哲学史新编》是冯友兰在中华人民共和国成立后主要的成果。从1979年起，他基本结束了30多年的检讨生活，每天上午在书房两个多小时，口授《中国哲学史新编》。在成书后4个月，冯友兰便离开了人世。冯友兰晚年在写《中国哲学史新编》的时候，眼睛已经看不见了。这部著作用他自己的话说是"反刍"的工作，就是把过去吃进去的东西再吐出来仔细嚼嚼，从中品出新的滋味来。他就是靠"反刍"写出了这个7卷本的鸿篇巨制来的。

 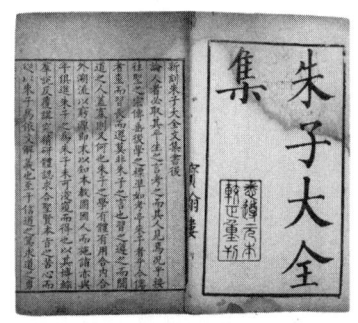

《朱子大全集》
康熙帝命大学士李光地编辑成《朱子大全集》，康熙帝为此书作序。文集搜集了朱熹的诗、奏稿、书札和论文。朱熹，字元晦，南宋著名的理学家，世称"朱子"，是继孔、孟以来最杰出的儒学大师，堪称中古鸿儒

4. 小家成大家

自古儒者是信奉修身、齐家、治国、平天下的人生信条的。如果二者发生了矛盾怎么办呢？儒者有自己的选择。如文天祥就强调君臣之义不能缺少。"自光岳气分，士无全节，君臣义缺，谁负刚肠。"（《沁园春》）冯家的大部分成员可以说在新的时代背景下，以自己的修身方式，实现了齐家与平天下理想的统一。虽然宗璞说自己的家是"自古庖厨君子远，从来中馈淑人宜"。父亲做学问，母亲做家务。不过就冯家整体来看，女性也有很大的社会贡献。

以诗传家

冯友兰的祖父冯玉文有几首诗传下来，编为《梅村诗稿》。新野县有个叫作赵一士的名士为这部诗稿题了一首诗，诗歌中说："身处人间世，心怀太古春。风流伊上叟，击壤作尧民。"伯父冯云异有《知非斋诗集》，父亲冯台异有《复斋诗稿》。作诗的家风，使得一家人在面对世俗功名时,多了一点洒脱、多了一些自然情趣、多了一些冲淡闲适。冯家有土地,耕读传家,使得冯友兰天生多了一些高贵的品质。不仅如此,冯友兰的妹妹、女儿等依然延续了这种传统。

三个女人的相扶

冯友兰曾吟诗道:"早岁读书赖慈母,中年事业有贤妻。晚来又得女儿孝,扶我云天万里飞。"按女儿的话说,她是冯老先生的"秘书、管家兼门房,医生、护士带跑堂"。宗璞小时候生活的一个内容就是给父亲研墨、拉纸。读书的时候恪守父训,不谈论别人的是非。在生活上,宗璞可以说是一个孝顺的女儿。她说:这么多年,每天清晨最先听到的,是从父亲卧房传来的咳嗽声,每晚睡前必到他床前说几句话,我怎样能从多年的习惯中走得出来!在轮椅旁,在病榻侧,一阵阵呛咳使人恨不能以身替代。在清晨、在黄昏,凄厉的电话铃声会使我从头到脚抖个不停。那是人生的必经阶段,但总希望它不会来,千万不要来。宗璞还是冯友兰先生过世后,继续让很多人对冯先生及其思想感兴趣的人,出版了冯先生的回忆录,表达了个人对父亲的怀念,并努力澄清一些误解。她曾经描述了自己在收到已经过世的父亲的来信的情景:还想到书房去,大声喊着告诉什么什么事,几乎举起脚步,忽然猛醒,即使喊破了喉咙,谁来听呢?

冯友兰自认为,母亲是他一生中最敬佩的人,也是给他影响最大的人。他的妈妈常常对他说,中药六味地黄丸对她的身体很合适。冯友兰说:那你可以常吃。母亲则说:常吃干什么,还要活100岁吗?冯友兰认为他妈妈的意思是:承先启后的事情都已经做了,责任已经尽了,多活几年也没有什么意义。这是明于生死之道。他母亲嫁到冯

20世纪80年代张岱年先生探望冯友兰
1987年张先生两次拜访冯先生，冯先生谈了《中国哲学史新编》第6册"近代维新"部分的构思，以及"社会主义初级阶段"等问题

家的时候，管厨房，有位上辈的人说，这个媳妇很行，能置5顷地，又过几天，那个上辈的人说，能置10顷地。他的母亲为冯家付出了一生的心血。母爱兴家，母爱护家，母亲的奉献、责任和能力是传统母道和妻道的精髓。

不知是否因为一贯的传统，这个传统延续下来。"小学时曾以'我的家庭'为题作文。我写出这样的警句：'一个家，没有母亲是不行的。母亲是春天，是太阳。至于有没有父亲，不很重要。'作业在开家长会时展览，父亲去看了。回来向母亲描述，对自己的地位似乎并不在意，以后也并不努力增加自己的重要性，只顾沉浸在他的哲学世界中。""母亲对父亲的关心真是无微不至，父亲对母亲的依赖也是到了极点。我们的堂姑父张岱年先生说：'冯先生做学问的条件没有人比得上。冯先生一辈子没有买过菜。'"

家族的社会贡献

冯友兰是河南唐河人。在唐河，"冯家三兄妹"的故事可以说是妇孺皆知，唐河乃至整个南阳地区不但因之而骄傲，而且还因之形成了一种好学求知的好风气。

弟冯景兰是一位地质学家。早在20世纪20年代，冯景兰就在广东考察发现了红黄色砂质岩经过风化以后形成的一种特殊的地文现象，他把这种地文现象命名为"丹霞地貌"，这一命名一直为国际地质学界所沿用。

妹冯沅君是一代才女，现代作家、学者。冯沅君是曾受鲁迅称赞的"五四"时期著名的女作家，时有"黄（庐隐）、凌（叔华）、冯（沅君）、谢（冰心）"之称。1924年她以作品《旅行》登上文坛。《卷施》《春痕》《劫灰》在当时影响都很大。

冯友兰与任载坤育有2子2女：冯钟琏、冯钟辽、冯钟（宗）璞、冯钟越，都卓有成就。冯钟辽是锅炉专家，宗璞是知名作家，钟越是飞机强度专家。可惜天不假年，冯钟越英年早逝，年仅51岁。对于幼子的逝世，冯友兰为其写了挽联一副："是好党员，是好干部，壮志未酬，洒泪岂止为家痛；能娴科技，能娴艺文，全才罕遇，招魂也难再归来。"

冯景兰有3子3女：冯钟豫、冯钟芸、冯钟潜、冯钟广、冯钟燕、冯钟潮，亦大都成为专家学者。

任继愈

任继愈（1916～2009年），妻子冯钟芸，山东平原人。任继愈对中国哲学史、中国佛教史、中国道教史的研究做出了重要的贡献

小知识◎冯友兰为宗璞所作的诗歌

七字堪为座右铭,莫抛心力贸才名。乐章奏到休止符,此时无声胜有声。

5. 饱受争议的冯友兰

孔子告诫弟子要做"君子儒",不要做"小人儒"。君子和小人是中国传统的评价人的尺度。一个儒家大师如果被进行了"小人"一类的猜测,何尝不是一种悲哀?以"君子"的眼光欣赏儒家大师的君子品性,就会发现其中包含的善良和美。

安分守己

鲁迅曾经把冯友兰说成是安分守己的人。"鲁迅在这一年(指1934 年)12 月 18 日致杨霁云的信中说:'安分守己如冯友兰,且要被逮,可以推知其他了。'"冯友兰是一个安分守己的人。不过,"安分守己"有不同的表现:有的安分守己是一个人有"定力"的表现,内心有一定的主见和追求,能够不为流俗言论所动;有的安分守己是因为眼光远大,能够看得开,自然能够守护己见;有的是因为对他人多了一份尊重,多了一份同情。

冯友兰或许是这几个因素的综合。"而且他总是为别人着想，尽量减少麻烦。"据女儿介绍，不论女儿做什么饭，他都兴致勃勃地进餐，似乎都滋味无穷，还自嘲说："还有当饭桶的资格。"他女儿心目中的冯友兰"总是为别人着想"，这让他在风雨中飘摇，似乎是失去了自己的本性，其实那何尝不是一种大慈大悲的心呢？冯友兰爱护学生。"作为一个教育工作者，他爱学生。他认为清华学生是最可宝贵的，应该不受任何政治势力的伤害。"1936年，当时的学生领袖黄诚和姚依林就曾躲在冯友兰家。冯友兰重视读者。冯友兰很重视读者的来信，常常回信，星期日上午的活动常常是写信。和山西一位农民读者车恒茂老人就保持了长期的通信，每索书必应之。冯友兰对老百姓有深厚的感情。1945年年初，宗璞的祖母去世，冯友兰回老家奔丧，县长前来拜望，告辞的时候，冯友兰没有送。而对身为老百姓的旧亲友，则一直送到大门口。

冯友兰给人以朴素静穆和和蔼等印象。其实他不乏幽默感，比如讲到陈独秀的时候，他讲了一个笑话。冯友兰毕业的时候，师生在一起照了个相。"陈独秀恰好和梁漱溟坐在一起。梁漱溟很谨慎，把脚收到椅子下面；陈独秀很豪放，把脚一直伸到梁漱溟的前面。相片出来以后，我们的班长孙本文给他送去了一张，他一看，说：'照片很好，就是梁先生的脚伸得太远一点。'孙本文说：'这是你的脚。'这可以说明陈独秀的气象是豪放。"从中我们不难体会他心中对人的那份慈悲，那份超脱，那份善意的"嘲笑"。

冯友兰常常给人一种道貌岸然的印象。道貌岸然者常常会男盗女娼，这是中国文化培养出来的人格可能出现的弊端。但是真正的道貌岸然又何尝不是一种内在修为的表现呢？宗璞说："父亲自奉俭，但不乏生活情趣。他并不永远是道貌岸然，也有豪情奔放、潇洒闲逸的时候，不过机会较少罢了。"原刊载于1935年10月《人间世》郑朝宗描述冯友兰给他的印象是：有的时候感到他的脸孔显得太寂寞、沉重，让人感到人生的严重和苦恼，让人想到他的人生太枯燥、太无趣了；不过有的时候则从严肃端正的面容上，感到人生的伟大和高尚。因为自己又一次和朋友闹决裂，偶见冯友兰安闲、怡适的样子，则忽然觉得自己太没有出息了。

亦呆亦仙

宗璞说："父亲的呆气里有儒家的伟大精神，'天行健，君子以自强不息'，自强不息到'知其不可而为之'的地步，父亲的仙气里又有道家的豁达洒脱。禀此二气，他穿越了在苦难中奋斗的中国的20世纪。他的一生便是20世纪中国文化的一个篇章。"呆气可以说是儒家式的精神气质，仙气可以说是道家式的精神气质。

冯友兰的精神境界可以用"阐旧邦以辅新命，极高明而道中庸"来加以概括。"阐旧邦以辅新命"是社会责任感，"极高明而道中庸"是个人的人生追求，有高明，因为高明自然洒脱。因为你看得长远，自然就豁达；因为中庸，所以可以平常和平易，并和人合作。

十足的学者：完全的理性动物

对于冯友兰这个人，在他留下的关于个人事迹的文献中，只见事迹，难见人心。不像熊十力和梁漱溟，人心可谓显露无疑，尤其是梁漱溟对自己的内心可谓详细披露。是人心可谓隐藏得太深，不曾流露出一分私人欲望和丑陋的想法，还是被哲学思考占据了全部的心灵？

如果是前者，可谓是伪善了；如果是后者则是那样的让人难以攀登，那样的难以超越，那是多么自然天成的理性的心灵，被宋儒所谓的天理所充满，而没有一丝一毫的人欲之杂！笔者认为冯友兰是属于后者的。郑朝宗说："其实，芝生先生值得我们赞颂的地方，大部分还不在于他的严肃端正的仪容，而在于他的审慎公正的态度。我跟芝生先生上了一年的课，敢十二分负责地说，从来没有听他说过一句不大合理的话，也从来没有听他说过一句很随便地说出来的话。他说话时，老是那样的审慎，那样的平心静气。他，我可以说，才算是完全的理性的动物。"

冯友兰心中被哲学占据了。"哲学是他一生的依据"，"他用力气说出的最后的关于哲学的话是：'中国哲学将来要大放光彩！'"他的一生便是20世纪中国文化和中国哲学的一个篇章。就像他个人的生命一样，这个篇章已经翻过去了，不过终究还是要被人翻出来，去阅读、去研究。

宗璞说："父亲一生对物质生活的要求很低，他的头脑都让哲学占据了，没有空隙再来考虑诸般琐事。"所以，他对待人、他评价人往往是超越了自我的限制的，能够站在学术的立场上看待事物。如他对胡适的评价就很

墓碑碑阴古篆为"三史释今古，六书纪贞元"
篆书行于春秋战国及秦代，故称古篆，此处为甲骨文。此茔联为冯友兰生前自撰

公正合理。郑朝宗曾经这样说:"时下一般人的批评,不是恶意的攻击,便是盲目的谩骂,很少会使我们旁观的人为之心折的。芝生先生不是这样。他是站在学术的立场上来批评的。"

王者师

何兆武认为冯友兰对当权者的政治一向紧跟高举,认为《新理学》是给蒋介石捧场的,说冯友兰要当毛泽东的小学生等。不过,从冯友兰自我的叙述来看,他对于事功最大的理想就是办一所好的大学,他并没有更为复杂的政治理想。况且他追求的天地境界和社会地位也没

冯友兰安葬于北京万安公墓
万安公墓地处香山脚下,始建于1930年,参于五行、合璧中西

有什么根本的关联。换句话说,从社会责任感的角度来看,现代新儒家的言行当然也可以理解成是王者师。"父亲那一代人责任感太强了,他们无暇逍遥。其实父亲心底是赞成孔子'吾与点也'那一句话的。"

图书在版编目（CIP）数据

江山代有圣贤出：梁漱溟　熊十力　冯友兰 / 周海春著. —
郑州：中州古籍出版社，2014.5
（华夏文库）
ISBN 978-7-5348-4723-3

Ⅰ.①江… Ⅱ.①周… Ⅲ.①梁漱溟（1893~1988）-
人物研究 ②熊十力（1884~1968）-人物研究 ③冯友
兰（1895~1990）-人物研究 Ⅳ.①K825.4 ②B261.5
③K825.1

中国版本图书馆CIP数据核字（2014）第058823号

华夏文库·儒学书系

江山代有圣贤出：梁漱溟　熊十力　冯友兰

总 策 划	耿相新　郭孟良
责任编辑	张向敏
责任校对	牛冰岩
封面设计	新海岸设计中心
版式设计	曾晶晶
美术编辑	曾晶晶
责任印制	刘新毅
项目统筹	单占生　萧　红（执行）

出　版	中州古籍出版社
	地址：河南省郑州市经五路66号
	邮编：450002
	电话：0371-65788693
经　销	新华书店
印　刷	河南新华印刷集团有限公司
版　次	2014年5月第1版
印　次	2014年5月第1次印刷
开　本	960毫米×640毫米　1/16
印　张	9印张
字　数	130千字
印　数	1-3000册
定　价	23.00元

本书如有印装质量问题，由承印厂负责调换